Heinrich Böning • Johannes Dölle
Bernhard Feige • Günther Pidd

Niedersachsen für Kinder und Kenner

mit Fotos von Maria Otte
und Zeichnungen von Eckart Straube

Herausgegeben von der
Niedersächsischen Sparkassenstiftung

Impressum

Niedersachsen für Kinder und Kenner
Heinrich Böning, Johannes Dölle, Bernhard Feige, Günther Pidd
mit Fotos von Maria Otte und Graphiken von Eckart Straube
Herausgegeben von der Niedersächsischen Sparkassenstiftung, Hannover

© 1990 Niedersächsische Sparkassenstiftung, Hannover
Alle Rechte vorbehalten. Vervielfältigungen jeder Art, einschließlich der fotomechanischen Wiedergabe,
sind unzulässig.
Printed in Germany

Vertrieb:
Kallmeyersche Verlagsbuchhandlung, 3016 Seelze-Velber
Titel: Erhard Poßin
Druck: Druckerei M. Wirth, Stadtoldendorf
ISBN: 3 - 7800 - 5255 - 5

Inhalt

	Vorwort	**4**
1	**Ostfriesland**	**8**
	Das Watt	10
	Probleme vor und hinter dem Deich	12
	Wo die Schiffe zu Hause sind	14
	Die Inseln im Wattenmeer	16
2	**Das Emsland**	**18**
	Moor und Torf	20
	Schloß und Burg	22
	Schwebebahn und Aale	24
	Bodenschätze	26
3	**Das Oldenburger Land**	**28**
	Die Stadt Oldenburg - gestern und heute	30
	Bauern heute und in alter Zeit	32
	Die Großsteingräber	34
	Baumschulen im Ammerland	36
4	**Das Elbe - Weser - Dreieck**	**38**
	Das Alte Land	40
	Von Cuxhaven nach Neuwerk	42
	Bederkesa und Stade	44
	Kunst in Worpswede	46
5	**Die Lüneburger Heide und das Wendland**	**48**
	Weißes Gold in Lüneburg	50
	Kur in Bad Bevensen	52
	Heidekraut und Heidschnucken	54
	Als Wald und Heide brannten	56
	Das Wendland	58
6	**Zwischen Harz und Heide**	**60**
	Stahl in Peine	62
	Ölrausch	64
	Wolfsburg - wo der Käfer laufen lernte	66
	Aus Forschung und Technik	68

7	**Das Weser- und Leinebergland**	**70**
	Von Ratten und Rittern	72
	Märchen und Mathematik	74
	Fürstenberger Porzellan	76
	Friedland - Lager der Hoffnung	78
8	**Der Harz**	**80**
	Wintersport	82
	Der Wald stirbt	84
	Wasser ist kostbar	86
	Silberbergbau	88
9	**Hannover und seine Umgebung**	**90**
	In Hannover gibt es viel zu entdecken	92
	Die Hannover - Messe	94
	Hildesheim - Stadt der Kirchen und der Kunst	96
	Steinhuder Meer und Saupark	98
10	**Die Mittelweser**	**100**
	Der Dümmer	102
	Viel Dampf in Bruchhausen - Vilsen	104
	Loccum - ein altes Zisterzienserkloster	106
	Von Pferden und Störchen	108
11	**Das Osnabrücker Land**	**110**
	Osnabrück - Dom und Handelsstadt	112
	Friedenstadt Osnabrück	114
	Burgen und Städte - durch Wasser geschützt	116
	Saurier im Osnabrücker Land	118
12	**Orte in Niedersachsen von A - Z**	**120**

Vorwort

Niedersachsen hat viele Gesichter. Das vermittelt dieses Buch dem Leser bereits beim Durchblättern.

Als eigenständiges Land gibt es Niedersachsen erst seit 1946. Es entstand als staatliche Einheit durch Zusammenschluß der vier überkommenen Länder Hannover, Braunschweig, Oldenburg und Schaumburg-Lippe. Mit mehr als sieben Millionen Einwohnern ist es bevölkerungsmäßig das viertgrößte, flächenmäßig jedoch das zweitgrößte Bundesland. Wie jedes andere deutsche Land ist es in seinen Teilen durch eine lange historische Entwicklung unverwechselbar geformt und reich an kulturellem Erbe.

Von anderen deutschen Ländern unterscheidet es sich durch die Vielfalt seiner Landschaften mit Küste, Tiefebene und Gebirge. So sehr Niedersachsens äußeres Bild auch heute noch als von der Land- und Forstwirtschaft geprägt erscheint, seit der Mitte des vorigen Jahrhunderts hat die Industrie Einzug gehalten und zum Wandel des Landes beigetragen. Dadurch haben sich die einzelnen Regionen - ob in naturräumlicher oder administrativer Abgrenzung betrachtet - in wirtschaftlicher, kultureller und ethnischer Hinsicht unterschiedlich entwickelt.

In "Niedersachsen für Kinder und Kenner" werden von Lehrern die verschiedenen Gebiete des Landes nach geographischen, historischen, naturwissenschaftlichen und gesellschaftlichen Gegebenheiten beleuchtet. Deshalb ist diese Schrift besonders im Sachkundeunterricht der Grundschule und der Orientierungsstufe verwendbar. In kurzen, informativen Texten - begleitet von zahlreichen Abbildungen - werden einzelne Bereiche behandelt, die sich in den jeweiligen Unterrichtsstoff gut einbeziehen lassen. Jedes Kapitel ist in sich geschlossen und für sich verständlich. Einen kurzen Überblick bietet das anhängende "Niedersachsen-Lexikon".

Doch nicht nur in der Schule wird das Buch Freunde finden. Es eignet sich als Lesebuch für die ganze Familie, als Nachschlagewerk, auch um Entdeckerfreude zu wecken und dazu anzuregen, sich mit Land und Leuten der eigenen engeren Heimat zu beschäftigen.

Ich wünsche dem Buch "Niedersachsen für Kinder und Kenner" einen guten Weg und viel Erfolg.

Hans-Adolf de Terra
Präsident des Niedersächsischen Heimatbundes e.V.

Ostfriesland

Moin, moin!

Ich heiße Harm Harms und bin ein waschechter Ostfriese, wie man schon an meinem Namen hört. Auch meine Eltern und Geschwister und viele meiner Verwandten tragen einen alten ostfriesischen Namen. Sie heißen Garrelt und Wübke, Wiard und Grietje, Focko, Tamme, Theda und Hilke.

In den Ostfriesenwitzen werden wir so dargestellt, als wären wir alle blöd. Aber das sind wir wirklich nicht. Ich bin jedenfalls stolz, ein Ostfriese zu sein. Viele wissen sicher nicht, daß wir schon vor mehr als 1000 Jahren ein freies Volk waren, als die anderen Deutschen noch als Untertanen der Fürsten leben mußte.

Der Frankenkaiser Karl der Große hatte uns damals unser Land für alle Zeiten zu eigen gegeben. Wir hatten ihm nämlich die gefürchteten Normannen, die an der Küste aufgetaucht waren, vom Leibe gehalten.

Wir Ostfriesen besaßen schon im Mittelalter ein eigenes Gesetzbuch und lebten wie in einer Demokratie. Jedes Jahr kamen die Vertreter der Landgemeinden unter dem Upstalsboom bei Aurich zusammen und berieten über

Ostfriesland – nur Kühe und grünes Land?

wichtige Dinge und faßten Beschlüsse, genau wie es heute im Bundestag gemacht wird.

In Ostfriesland sprechen heute noch viele plattdeutsch. Natürlich nicht in der Schule und in der Kirche auch nicht, aber sonst immer. Das Plattdeutsche klingt so gemütlich und nicht so steif wie das Hochdeutsche. Wir sagen:
"Bist du'n Ostfrees, dann prot ok platt,
deist du dat neet, dann schaom di wat."
Gerade habe ich meinen Tee getrunken. Wir Ostfriesen trinken ihn mindestens sechsmal am Tag. Und jedesmal gibt es drei Tassen. Das gehört sich so. Wir trinken keinen Früchtetee, sondern schwarzen Tee, echte ostfriesische Mischung, mit Kluntjes und richtiger Sahne. Hm, lecker! Gleich muß ich weg. Unsere Boßelmannschaft tritt heute gegen den Nachbarort an. Beim Boßeln muß eine Kugel möglichst weit auf der Straße gerollt werden. Das macht Spaß! Ich hau jetzt ab.
Tschüs denn.

Arbeitslosigkeit und Fremdenverkehr in Ostfriesland

Als Großvater geboren wurde, waren in Ostfriesland von zehn Einwohnern neun in der Landwirtschaft beschäftigt. Ostfriesland war also ein richtiges Bauernland.

Heute, 100 Jahre später, ist von zehn Einwohnern nur noch ein einziger Bauer. Die modernen Landmaschinen übernehmen die meisten Arbeiten und machen die Handarbeit fast überflüssig. Auf diese Weise sind in Ostfriesland viele Arbeitskräfte frei geworden.

Im übrigen Deutschland aber wurden Arbeiter gesucht, weil immer neue Fabriken wie Pilze aus der Erde schossen. Da verlegten einige Firmen ihre Betriebe nach Ostfriesland. Allein in Emden konnten auf diese Weise bei VW 10000 Arbeiter beschäftigt werden und in Norden und Leer bei den Olympiawerken über 1000.

Um 1980 verschlechterte sich die wirtschaftliche Lage. In Deutschland und auch in den anderen Ländern Europas wurden Waren hergestellt, die nicht mehr verkauft werden konnten. Roboter und Computer hatten immer mehr Arbeit übernommen und ersetzten Menschen.

Fabriken stellten veraltete Produkte her, die durch neue ersetzt werden mußten.

Ostfriesland ist von der Arbeitslosigkeit besonders stark betroffen. Seine Bewohner hoffen auf den Fremdenverkehr und werben tüchtig für ihn. Er soll Geld in die Familien bringen.

Auf den Ostfriesischen Inseln ist der Tourismus seit 1960 so gewachsen, daß in den Sommermonaten alle Pensionen ausgebucht sind. Viele Urlauber verbringen deshalb ihre Ferien in den kleinen Küstenorten mit den alten Sielen und Häfen.

In der Ferienzeit greift der Tourismus auch auf das Binnenland über. Hier sind in den Dörfern und Städten alte Windmühlen und Bürger- und Bauernhäuser zu gemütlichen Cafes und Gastwirtschaften umgebaut, Ziehbrücken erneuert und alte Schiffe zu Museen umgestaltet worden.

Touristen auf dem Deck einer Fähre

Das Watt

Das Watt ist ein gedeckter Tisch für viele Tiere

Mein Name ist Sabine, und ich verbringe meine Osterferien mit Papi und Mami in Neuharlingersiel. Mit Dirk habe ich mich schon am ersten Tag angefreundet. Er wohnt hier. Er kennt die See und kann mir eine Menge erklären.
"Kommst du mit aufs Watt?" fragt er mich eines Tages. Mit einer kleinen Schaufel und einer Konservendose ziehen wir los. Als wir auf der Deichkrone ankommen, ist Niedrigwasser. Das Wasser hat sich weit zurückgezogen. Dicht am Deich breitet sich eine Salz- wiese aus. "Wie kann denn im Meer eine Wiese wachsen?" frage ich Dirk. Er erklärt es mir. "Hier hat die Flut so viel Schlick und Sand angespült, daß sie dieses Gebiet nur noch selten überfluten kann. Queller und Salzmieren haben sich angesiedelt. Diese Pflanzen können im Salzwasser leben. Aber lauf nicht hin! Überall haben hier die Seevögel ihre Gelege versteckt."
Wir rennen hinaus aufs Watt. Bei Ebbe ist es eine graue, eintönig wirkende Fläche.
Plötzlich halte ich an. "Sind das Würmer, diese grauen Spaghetti auf dem Wattboden?", will ich wissen. "Nein, Sabine, das sind nur die Kothaufen der Pierwürmer", erklärt Dirk. "Die fressen sich buchstäblich durch den Sand und ernähren sich von winzig kleinen Lebewesen, die darin leben. Dabei graben sie einen u - förmigen Gang. Ist sein Magen voll, kriecht der Wurm rückwärts den Gang hoch und drückt eine Sandwurst ins Freie. Das ist für ihn ein gefährlicher Augenblick. Wenn ihn dabei ein Austernfischer oder eine flinke Scholle erwischt, dann ist es um ihn geschehen. Oft wird ihm das Hinterende abgebissen. Es wächst aber wieder nach".
Ich möchte einen Pierwurm fangen. Gemeinsam graben wir den Gang auf und finden noch ein paar andere Bewohner des Wattbodens: kleine Krebse, Herzmuscheln, eine kleine Schnecke und dann den gesuchten Wurm.

Pierwürmer – Kothaufen

Alle Funde wandern in die Dose. Wir wollen sie meinen Eltern zeigen.
"Komm, laß uns noch zum großen Priel gehen", sagt Dirk. Unterwegs laufen wir durch einen kleinen, knöcheltiefen See, dessen Wasser nicht abfließen konnte. Es ist lauwarm. "Im ganzen Wattenmeer ist das Wasser ziemlich warm", erklärt mir mein Freund.
"Die Sonne heizt bei Niedrigwasser den Wattboden auf, und so wird bei Flut das ganze auflaufende Wasser angewärmt. Deshalb laichen Seefische hier im Wattenmeer. In dem warmen Wasser schlüpfen die Jungen und finden einen reich gedeckten Tisch." "Dann ist das ja die reinste Kinderstube für Fische", denke ich.
Bei Ebbe fallen die kleinen Priele trocken. Das Wasser läuft ins Meer zurück. In den großen bleibt es jedoch stehen. Hier fischt Dirk einen dicken Krebs heraus.
Plötzlich schaut er auf die Uhr. "Wir müssen sofort nach Hause, bald setzt die Flut ein!"
Kurz bevor wir den Deich erreichen, müssen wir noch durch einen Streifen Schlick stapfen. Bis zu den Knien sacken wir ein.

Wußtest du schon ...
- daß von den 25 häufigsten Salzpflanzenarten im Watt fast 400 Insektenarten abhängig sind?
- daß 20 Insektenarten automatisch sterben müßten, wenn allein der Strandwegerich aus dem Wattenmeer verschwinden würde?
- daß 25 Vogelarten im Bereich des Wattenmeeres brüten?
- daß das Wattenmeer ein Zwischenlandeplatz für jährlich 5 bis 10 Millionen Zugvögel ist?
- daß bei Hochwasser zahllose Fische in das Wattenmeer ziehen und seinen Nahrungsreichtum nutzen?
- daß viele in der Nordsee lebende Speisefische ihre gesamte Jugendzeit im Wattenmeer verbringen?
- daß die Pierwürmer auf einem Quadratmeter Wattboden pro Jahr 400 kg Sand oder Schlick bewegen?
- daß in den Sommermonaten die im Watt lebenden Muscheln pro Woche die gesamte Wassermenge des Wattenmeeres durch ihre Schalen strömen lassen und auf diese Weise filtern?

Das Wattenmeer ist gefährdet

durch Chemikalien
Schiffe fahren hinaus aufs Meer und hinterlassen eine dunkle Spur im Wasser. Sie pumpen giftige Chemieabfälle ins Meer. Davon bekommen die Fische Geschwüre, und in den Tieren sammeln sich Giftstoffe an.

durch Öl
Von den Bohrinseln im Meer gelangt Öl ins Seewasser, Schiffe lassen Öl ab, Öltanker brechen manchmal auseinander. Ölteppiche breiten sich wie ein Film über dem Wasser aus.
Alles Leben darunter muß ersticken. Eine Möwe oder Ente, die auf dem Ölteppich landet, kann nicht mehr fliegen und kommt meist elendig um.

durch Industrieanlagen
Fabriken lassen täglich giftigen Rauch ab, der aufs Meer zieht. Sie leiten mit ungereinigten Abwässern chemische Giftstoffe in die Flüsse oder direkt ins Meer.

durch Landgewinnung
Die Menschen an der Küste deichen immer größere Wattgebiete ein, sichern die Küste vor Orkanfluten und gewinnen so neues Land. Die Tiere im Watt verlieren dagegen immer mehr von ihrem Lebensraum.

durch Badegäste am Strand
Sie laufen durch die Salzwiesen und zerstören die Brutplätze der Vögel. Sie hinterlassen am Strand Abfälle aus Plastik, die nicht verrotten. Die Flut verteilt die Abfälle im ganzen Wattgebiet.

Das Wattenmeer ist zu retten
Um das Wattenmeer zu schützen und seinen Tieren den gedeckten Tisch zu erhalten, wurde es 1986 zum Nationalpark Wattenmeer erklärt. Gesetze zum Schutz der Umwelt wurden erlassen; weitere sind nötig.
Nur wenn die Menschen die Bestimmungen genau beachten, wird es weiterhin Leben im Wattenmeer geben.

Probleme vor und hinter dem Deich

Deichbruch: Gefahr für Land und Leute

Sturmflut!

Alle 12 Stunden und ca. 25 Minuten hat die deutsche Nordseeküste Hochwasser. Da rollen die Wassermassen auf die Küste zu, und der Meeresspiegel ist um zwei bis drei Meter höher als bei Niedrigwasser. Die Deiche gebieten den Wellen Einhalt und stehen schützend vor dem Land.

Wenn aber ein Nordwestwind zum Sturm wird, suchen Schiffe schnell einen Hafen auf. Dann besteht Gefahr für Land und Leute hinter den Deichen. Der Sturm treibt die Wassermassen auf die Küste zu. Das Meer tobt, und schäumende Wogen schlagen mit ungeheurer Kraft gegen die Deiche. Das Wasser steigt und kann die Erdwälle durchbrechen. Gelingt es den Wellen, die Deichkrone zu überspülen, dann ist es für sie ein leichtes Spiel, den Deich von hinten auszuhöhlen und ihn zu zerstören.

An der Nordseeküste hat es immer wieder solche Sturmfluten gegeben.

Sie drangen oft tief in das Land ein und rissen mit unvorstellbarer Kraft alles mit sich fort. So entstanden die Meeresbuchten: der Jadebusen, der Dollart, die Leybucht, die Zuidersee und die Harlebucht.

Eine der schwersten Sturmfluten war die "Manndränke" im Jahr 1362. 50 Dörfer gingen unter, und Tausende von Menschen ertranken.

Fachleute nehmen an, daß der Meeresspiegel, der ständig schwankt, in den letzten 10.000 Jahren ganz langsam um etwa 35 m angestiegen ist.

Heute beobachten die Wissenschaftler ein wesentlich schnelleres Ansteigen des Meeres als noch vor Jahrzehnten. Dazu kommt, daß die Abstände zwischen den schweren Sturmfluten immer kürzer werden.

Die letzten ereigneten sich 1962, 1973, 1976...

Schwere Sturmfluten im Lauf der Jahrhunderte

ab 500 v. Chr.	Beginn des Wurtenbaus
1000 n. Chr.	Beginn des Deichbaus
17. 02. 1164	Julianenflut, sie kostete 20.000 Menschen das Leben
16. 01. 1219	Marcellusflut, 36.000 Menschenopfer, die gesamte Küste von Friesland bis Holland war schwer betroffen.
16. 01. 1362	2. Marcellusflut, schwerste Katastrophe an der deutschen Nordseeküste. "Manndränke"; 100.000 Opfer; erster Einbruch des Dollarts, der Jadebusen vergrößerte sich, Gebiete an Harle und Leybucht wurden ins Meer gerissen.
01. 11. 1570	4. Allerheiligenflut, das Wasser drang bis nach Aurich vor.
11. 10. 1634	2. "Manndränke", 13.000 Tote
25. 12. 1717	Weihnachtsflut, 10.000 Menschenopfer und zahllose Verluste an Pferden, Rindern, Schafen und Schweinen. 5.000 Häuser zerstört und 3.400 beschädigt. Wasserstand: 4,89 m über NN.
3./4. 02. 1825	Das Meer dringt bis zum Geestrand vor, Wasserstand: 5,26 m über NN.
01. 02. 1953	Hollandflut, 2.100 Menschenopfer, schwere Schäden an der holländischen Küste
17. 02. 1962	Mehrere Deichbrüche an der Außenems bei Papenburg, Deichzerstörungen bei Wilhelmshaven, Hamburg und Stade.

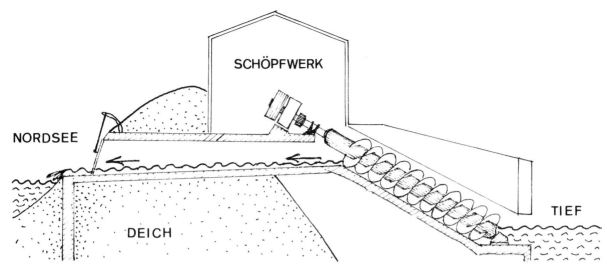

So arbeitet ein Schöpfwerk

Die Entwässerung des Landes

Thorsten erzählt von seinen Erlebnissen in Ostfriesland: Mama hat es mit den Bronchien, und der Arzt hat ihr Ruhe und Seeluft verordnet. Unseren Sommerurlaub haben wir deshalb in der Krummhörn verbracht. Gemeinsam mit Papa habe ich dort die Umgebung erforscht.

"Steig ein!" sagte er eines Tages und hielt die Wagentür auf. "Wir fahren zum tiefsten Punkt Niedersachsens."
In Freepsum, einem kleinen Dorf in der Marsch, hielten wir an. Wir mußten noch ein Stück laufen, ehe wir einen langen Informationspfahl erreichten. Mitten in den Wiesen lag die berühmte Stelle.
Ich begann zu lesen: "Was heißt denn das: 2,30 m unter NN?" fragte ich Papa.
"Das Land liegt hier tiefer als der Meeresspiegel, genau 2,30 m unter Normalnull, dem mittleren Wasserstand zwischen Ebbe und Flut", erklärte er.
"Na ja, jedenfalls eine ganz schön feuchte Gegend, dieses Marschland", sagte ich.
Das Grundwasser steht hier dicht unter der Erdoberfläche. Ganz schlimm wird es, wenn es lange regnet. Das Wasser kann kaum einsickern. "Wie wird man dann bloß das viele Wasser los, damit es keine Überschwemmungen gibt?" ging es mir durch den Kopf.
Wir fuhren nach Neu-Westeel. Direkt am Deich steht das Schöpfwerk Leybuchtsiel.
"Wie heißt denn dieser Fluß?" fragte ich den Wärter.
Er erhob sich und guckte mich etwas mitleidig an.
"Das ist kein Fluß, sondern das Norder Tief. Alle Gräben der Umgebung münden in diesen großen Wasserlauf, und so etwas nennen wir Tief. Es ist an dieser Stelle mehr als 30 Meter breit. Das Problem ist, daß der Meeresspiegel höher liegt als der Wasserspiegel des Tiefs."
"Dann kann ja das Wasser nicht abfließen", entfuhr es mir.
"Nein, nicht auf natürliche Art. Wir müssen das Wasser mit großen Schnekken über den Deich bringen. Die Schnecken leeren die Wassergräben der Umgebung, und das Land wird trocken. Mit dem Schöpfwerk können wir den Wasserstand der Gräben genau regulieren."
"Hoffentlich fällt nicht einmal der Strom aus!" sagte ich zum Wärter, als ich mit Papa wieder in den Wagen stieg.

Bei Freepsum

Schöpfwerk Leybuchtsiel

Niedersachsen für Kinder und Kenner / Ostfriesland

Wo die Schiffe zu Hause sind

Emdens Fracht- und Erzhafen

Während eines Schullandheimaufenthaltes in Emden steht für die Klasse 4 a aus Borgloh eine Hafenrundfahrt auf dem Programm.
Punkt 9 Uhr besteigen wir am Ratsdelft ein kleines Boot. Als der Motor angelassen wird, zittert der ganze Schiffskörper. Die Schraube beginnt zu arbeiten. Das Boot nimmt Fahrt auf, und dann geht's los.
Bald sind wir bei den großen Schiffen, die im Hafen festgemacht haben.
"Oii", staunt Heiner, "das sind ja gewaltige Pötte."
Im Vergleich zu unserem Ausflugsboot sind das wirklich riesige Kolosse. Einige kommen aus Übersee. Am Heck ist der Name des Heimatlandes zu lesen.
Wir buchstabieren: Brazil, Sverige, France. Auf einem amerikanischen Containerschiff stehen zwei schwarze Matrosen hoch oben an der Reling und winken uns zu.
Container von der Größe eines Eisenbahnwaggons werden hier mit Kränen verladen und aufeinandergestapelt. Was da wohl alles drin sein mag?
Dann biegen wir in den Industrie- und Erzhafen ein. Große schwarze Kohlen- und rötliche Erzhalden liegen am Kai. Sie warten auf die Verladung. Die Ruhrkohle soll nach Schweden gebracht werden und das schwedische Erz mit der Bahn ins Ruhrgebiet.
Da türmt sich ein Ungetüm von Autotransporter vor uns auf. Ein VW nach dem anderen verschwindet in seinem riesigen Bauch. Die Autos sind für Amerika bestimmt.
Nun schaukelt unser kleines Boot an einem großen Frachter aus Schweden vorbei, der gerade Eisenerze löscht. Die hohen, geknickten Kräne senken ihre Greifer tief in den Schiffsbauch und holen die Ladung heraus.
Katrin versucht, sich einen Überblick über den ganzen Hafen zu verschaffen. Ein bißchen enttäuscht meint sie: "Ich hatte gedacht, daß im Emder Hafen mehr Schiffe liegen."
Da wendet sich uns ein älterer Fahrgast mit einer Seemannsmütze zu und macht uns auf die Thyssen-Nordseewerke aufmerksam, an denen wir gerade vorbeifahren.
"Das ist eine große Werft, ein Schiffsbau- und Reparaturbetrieb", erklärt er uns. "Hier habe ich bis vor ein paar Jahren noch gearbeitet. Damals waren wir 5000 Beschäftigte, und heute sind es weniger als 4000. Unsere alte Hafenschleuse ist einfach zu klein. Die ganz großen Pötte können gar nicht mehr in den Hafen hineinkommen. Sie fahren zur Reparatur andere, größere Häfen an."
Nach einer Stunde legt unser Boot wieder an.
Jeder will als erster an Land sein. Beinahe wäre Tim über Bord gestolpert, wenn der Steuermann ihn nicht zurückgerissen hätte. "Jung, paß up, das Wasser ist heute ziemlich naß!", meint er lachend.

Greetsiel - ein Küstenfischereihafen

Die Fahrrinne in den Greetsieler Hafen ist nur während Hochwasser zu befahren. Bei Niedrigwasser würden die Schiffe auf dem Meeresboden festsitzen. Wenn die bunte Flotte der Krabbenkutter vom Fang in den Hafen zurückgekehrt ist, beginnt hier ein reges Treiben. Die Krabben sind sofort nach dem Fang schon an Bord abgekocht worden, damit sie haltbar bleiben. Jetzt werden sie direkt von den Kuttern auf Wagen verladen.
Sobald die Fischer ihre Ladung "gelöscht" und die Krabben ausgeladen haben, werden sie zu den Schälstationen in der Umgebung von Greetsiel gefahren und dort - zumeist von Frauen - ausgepult. Die Krabben werden in Emden und Hamburg verkauft, der größte Teil aber geht nach Holland. Auch die leeren Krabbenschalen finden noch Verwendung. Sie werden dem Hühnerfutter beigemischt.
Nur selten bringen die Fischer auch Aale und Seezungen von ihrer Fangfahrt heim. Die Küstenfischer aus Greetsiel haben sich auf Krabben und Miesmuscheln spezialisiert. Sie sind eine beliebte Spezialität in den Küchen Europas, auf keinem kalten Büfett darf heute der Krabbencocktail fehlen. Weil die Kunden bereit sind, für diese Spezialität viel Geld zu bezahlen, können die Greetsieler Krabbenfischer noch von ihren Fängen leben.

Krabbenfischer in Greetsiel

Wintershall Raffinerie in Emden
Wilhelmshaven - ein bedeutender Ölhafen

Wilhelmshaven ist Deutschlands einziger Tiefwasserhafen. Das hängt mit der eigenwilligen Form des Jadebusens zusammen. Der Eingang ist 4,3 km schmal, und dahinter breitet sich die große Meeresbucht aus. Durch das enge Tor zwängen sich bei Flut ungeheure Wassermassen in den Jadebusen, und bei Ebbe muß das Jadewasser durch das gleiche Nadelöhr wieder hinaus ins offene Meer. Dabei entsteht eine sehr starke Strömung. Sie hat eine tiefe Fahrrinne im Wattenmeer ausgehoben und hält sie von Schlick frei. Durch diese Rinne können große Schiffe, selbst riesige Supertanker, von erfahrenen Lotsen geleitet bis nach Wilhelmshaven gelangen und dort festmachen.
Die Tankerlöschbrücke ist 1207 Meter lang und liegt direkt am Fahrwasser. Über eine 670 Meter lange Zufahrtsbrücke ist das Festland erreichbar. Die Tanker drücken das Öl mit eigenen Pumpen in die Tanks am Hafen.
Die Löschzeit eines großen Tankers beträgt keine 24 Stunden. Aus den Hafentanks gelangt das Erdöl durch dicke Rohre, die Pipelines, an seine Zielorte. Die 400 km lange Pipeline von Wilhelmshaven nach Köln/Wesseling versorgt fünf Raffinerien mit Rohöl. Ständig ist sie mit 150.000 kqm Öl gefüllt. Drei Pumpstationen drücken es mit 65 bar durch die Rohre. Dabei fließt es etwa 3 bis 5 km pro Stunde.

Die Inseln im Wattenmeer

Wie die Inseln entstanden

Wer glaubt, daß die Inseln im Wattenmeer ursprünglich mit dem Festland verbunden waren, der täuscht sich.
Die Inseln verdanken ihre Entstehung dem ständigen Wechsel von Ebbe und Flut. Die Gezeitenströme führen große Sandmengen landwärts mit sich. In flachen Gewässern hat die Meeresströmung nicht mehr die Kraft, den Sand weiter zu transportieren. Er setzt sich ab, es entstehen Sandbänke. Durch den ständigen Wellengang wird der Sand zu Strandwällen aufgeworfen.
Auf solchen "Platen" siedeln sich die ersten Pflanzen an. Ihr Wurzelwerk hält den Sand fest, und ihre Blätter und Stengel fangen neuen Sand auf. So entwickeln sich allmählich aus Platen dünentragende Inseln.

Inseln wandern

Mit Sand können Wind und Wasser leicht spielen. Deshalb haben sich die Wattenmeerinseln ständig verformt und umgestaltet. Manche sind völlig verschwunden, und andere haben sich neu gebildet.
Bei Ebbe fällt das Watt trocken. Riesige Wasserbecken zwischen der Inselkette und der Küste leeren sich. Die Wassermassen zwängen sich mit ungeheurer Strömungskraft durch die engen Seegaten zwischen den einzelnen Inseln hindurch und fließen nach Nordwesten ins Meer. Dabei haben sie in der Vergangenheit an den Westenden der Inseln Sand und Land abgerissen und ins Meer hinausgeschwemmt. Bei Flut wird das Sandmaterial wieder nach Osten transportiert und am Ostende der Insel abgelagert.
So wanderten die Ostfriesischen Inseln von Westen nach Osten. Der Westturm auf Wangerooge, der ursprünglich in der Mitte der Insel stand, macht diese früheren Inselwanderungen deutlich. Er steht heute am Westende.

Inseln müssen geschützt werden

Seitdem die Heilwirkung des Inselklimas bekannt ist und zahlreiche Besucher anlockt, werden Kureinrichtungen, Hotels und Pensionen auf den Inseln gebaut.
Die Wanderung der Inseln mußte im Interesse der Bevölkerung eingedämmt werden. An den gefährdeten Westköpfen der Inseln baute man strahlenförmig starke Dämme ins Meer. Diese Buhnen sollen den Ebbstrom vom Strand abdrängen und den Wellen ihre Kraft nehmen.
Nun brauchen die Inselbewohner keine Angst mehr zu haben, daß ihre Häuser am Westende eines Tages vom Meer weggerissen werden.

Queller

Wangerooge wandert von West nach Ost

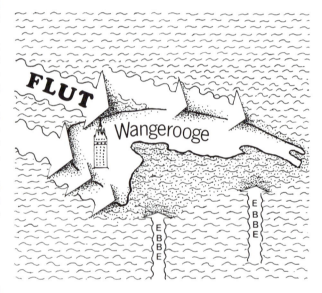

Norderney, Buhnen

Ferien auf der Nordseeinsel Borkum

Markus schreibt aus seinem Ferienort an seinen Schulfreund Stefan zu Hause.

Lieber Stefan!
Seit einer Woche sind meine Eltern und ich auf der Insel Borkum. Von allen ostfriesischen Inseln liegt sie am weitesten draußen in der Nordsee. Hier herrscht richtiges Hochseeklima. Du weißt ja, daß ich ein bißchen Asthma habe. Deshalb sagen meine Eltern, daß ich mich oft und lange am Strand aufhalten soll, wo das Wasser schäumt und spritzt. Da ist die Luft stark salz- und jodhaltig und sehr gesund.
In der Brandung macht das Baden besonderen Spaß. Es ist aber auch gefährlich. Einmal hat mich eine riesige Welle einfach überrollt. Ich mußte tüchtig Wasser schlukken, auch mein Rücken tat richtig weh. Deshalb schickte mich mein Vater noch am gleichen Tag ins Kurmittelhaus, wo ich eine warme Schlickpackung bekam. Schlick nennen sie dort Meeresheilschlamm. Meine Rückenmuskulatur tat nach ein paar Behandlungen nicht mehr weh.
Hier gibt es viele junge Leute, die surfen oder reiten oder mit schnellen Strandseglern über den glatten Sandboden sausen. Das ist mir aber zu teuer.
Gestern habe ich mit meinen Eltern eine Wanderung durch das Dünengebiet unternommen. Das war stark. Wie in einem Minigebirge fühlt man sich da. Der Wind weht ständig und wirbelt feinen Sand in der Luft herum. Wenn die Dünen nicht mit Strandhafer, Dünengras, Sanddorn und Brombeergestrüpp bepflanzt wären, würden sie sicher bald wegwehen. In 14 Tagen bin ich wieder zu Hause.

Bis dann, tschüs!
Dein Markus

oben: Luftaufnahme von Norderney
unten: Friedhof mit einem Zaun aus Walfischzähnen

Das Emsland

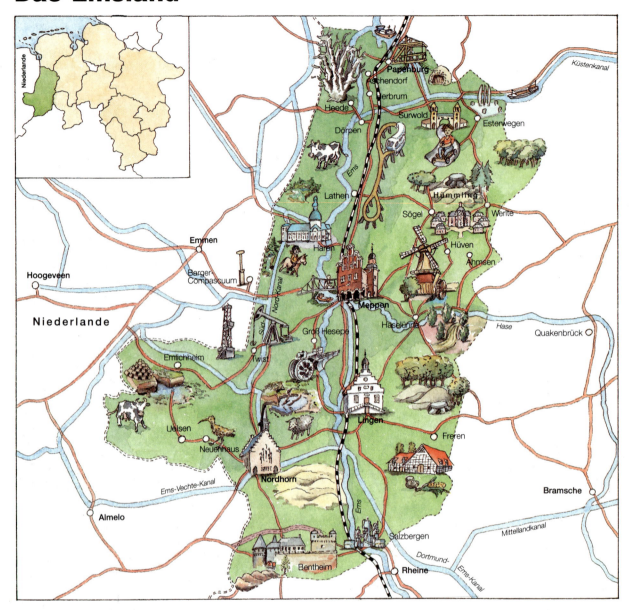

Moor und Industrie

Wer vom Emsland hört, denkt vielleicht an eine weite Moorlandschaft. Es ist das Bourtanger Moor, das bis nach Holland hineinragt. In den Niederlanden hat man schon frühzeitig begonnen, das Moor trockenzulegen und abzutorfen. Auf deutscher Seite blieb es lange unberührt.
Bis in unser Jahrhundert hinein war das Emsland weitgehend eine urtümliche Naturlandschaft, wo die Heide wucherte, wo Schafherden weideten und die Moorbauern ein ärmliches Leben führten.
Erst als nach dem 2. Weltkrieg begann eine große Veränderung, als viele Millionen Heimatvertriebene und Flüchtlinge in der Bundesrepublik eine neue Heimat suchten.
Die Bundesregierung faßte 1950 den Plan, das Emsland für mehr Menschen bewohnbar zu machen (Emslandplan). Zwanzig Jahre später war das Land an der Ems nicht wiederzuerkennen. Die meisten Moorflächen waren in Acker- oder Weideland umgewandelt, die Flüsse und Bäche begradigt und viele tausend Kilometer Entwässerungsgräben gezogen.
Wälder waren angepflanzt und Windschutzstreifen an den Wiesen und Feldern angelegt. Die Orte besaßen Wasserleitungen und Kanalisation.
Es kamen neue Fabriken in das frühere Moorland. Immer mehr Menschen zogen ins Emsland und fanden hier Arbeit, z. B. in der Bekleidungsindustrie, in der Papierfabrik, im Kunststoffrohrwerk, in der Gardinenfabrik, im Atom- und Gaskraftwerk und in den vielen Molkereien, Schlachtereien und Fleisch- und Wurstfabriken.
Obwohl sich das Emsland stark verändert hat, ist aus der früheren Zeit vieles erhalten geblieben, was heute die Touristen anlockt. Hier finden sie noch Reste des Hochmoores, das nicht abgetorft ist, und können den Torfbag-

gern zuschauen, die das Moor herausschaufeln. Es wird als Düngetorf oder als Filtermaterial in der Industrie gebraucht.

In Papenburg erleben die Besucher eine alte Moorsiedlung mit schnurgeraden Kanälen. Auch die Schiffe und die Meyer-Werft erinnern an die Zeit, als Papenburg noch eine Stadt der Kapitäne war, die auf allen Weltmeeren zu finden waren. Wer einmal ein echtes Barockschloß in Norddeutschland bewundern möchte, findet es in Sögel. In Schloß Clemenswerth kann er sehen, wie Fürsten vor 250 Jahren lebten.

Eine Sehenswürdigkeit ganz anderer Art ist die Aalbrutfangstation Herbrum. Wer sich aber für das schwarze Gold des Emslandes interessiert, sollte sich in der Grafschaft Bentheim die Erdölförderung ansehen und die Weiterverarbeitung des Rohöls in der Raffinerie Holthausen bei Lingen studieren.

Schäfer in der Wachendorfer Heide (1935)

Eine Werft besonderer Art

Petra, die Tochter eines Papenburger Werftarbeiters, schreibt an ihre Brieffreundin im Harz:

Liebe Stefanie!
Gestern hatte ich ein ganz tolles Erlebnis. Mein Vater hatte mir den Tip gegeben, zum Stapellauf der "Al Shuwaik" in die Meyer-Werft zu kommen. Stell Dir vor: dieses Schiff ist der größte Viehtransporter der Welt. 125.000 Schafe passen hinein und können wochenlang transportiert werden. Sie werden am Fließband gefüttert und ihre Stallboxen automatisch ausgemistet. Viele Leute haben zugesehen, als dieser Pott langsam ins Wasser gelassen wurde. Eine Kapelle spielte dabei. Es war richtig feierlich. Beinahe wäre ich pitschnaß geworden, als das Schiff hineinklatschte. Schade, daß Du nicht dabei sein konntest.

In der Meyer-Werft werden auch andere Spezialschiffe hergestellt. Augenblicklich arbeitet mein Vater an einem eleganten Luxuskreuzer. Das Schiff soll später mit Urlaubern durch das Mittelmeer kreuzen. Nächstes Jahr wird es vom Stapel laufen. Das mußt Du Dir unbedingt ansehen. Ich lade Dich heute schon dazu ein.

Tschüs, Deine Petra

In der Meyer - Werft

Moor und Torf

Vergangenheit: Karges Leben im Moor

Harte Arbeit: Torfabbau früher

Papenburg - eine Moorsiedlung

Wo heute über 30.000 Menschen leben, war vor gut 350 Jahren nur wildes, unwegsames Moor.
Überall wucherte das Torfmoos. Es ernährte sich nur von Wasser. Jedes seiner Pflänzchen saugt sich damit voll und hält es wie ein Schwamm fest. So wächst und wächst das Torfmoos und wuchert übereinander. Unten stirbt es ab, weil es keine Luft mehr bekommt, und oben sprießt es ungestört weiter. In rund 5000 Jahren ist es bis zu fünf Meter hoch gewachsen.
Um das Jahr 1620 kamen die ersten Siedler und rückten dem Moor nach Art der holländischen Fehnkultur zuleibe. Zuerst mußte es entwässert werden. Das war das Todesurteil für das Torfmoos.
Die Siedler gruben Kanäle in das Moor. Als Lohn erhielten sie rechts oder links des Kanals ein Stück Moor. Ihre Häuser waren primitive Moorkaten. Vom Kanal aus arbeiteten sie sich in das Moor hinein. Sie stachen den Torf mit dem Spaten heraus, trockneten die Stücke an der Sonne und verheizten sie. Auf dem sandigen Untergrund des Moores errichteten sie später feste Häuser und legten sich ihren Garten an.
Tag für Tag rackerten sich die Torfgräber ab. Auch die Frauen und Kinder mußten mithelfen. Viele der Siedler haben die Not der ersten Jahre nicht überlebt. Doch jedes Jahr wurden die Gärten ein Stück größer und die Not geringer. So ist auch der alte Spruch der Moorsiedler zu verstehen: Dem Ersten den Tod, dem Zweiten die Not, dem Dritten das Brot!
Den Siedlern kam zugute, daß mit dem Torfhandel gute Geschäfte zu machen waren. In selbstgebauten Kähnen transportierten sie den Torf auf den Kanälen über die Ems nach Ostfriesland, wo Brennstoffe knapp waren.
Bald wagten sich die Papenburger mit ihren Schiffen weiter hinaus über das Wattenmeer bis nach Bremen und Hamburg. Dort sahen sie im Hafen die großen Segelschiffe, die über die weiten Ozeane fuhren. Da begannen sie in ihren Werften am Kanal selbst große Pötte zu bauen und befuhren alle Weltmeere. Aus Moorsiedlern waren Seefahrer geworden.
In einer Chronik ist zu lesen, daß sich 1808 im Hafen von Buenos Aires in Südamerika einmal zufällig 44 Papenburger Schiffe trafen.
Doch als die Dampf- und Motorschiffe erfunden wurden, begann für die Papenburger eine schlechte Zeit. Sie wollten sich nicht von den Segelschiffen trennen, die bis dahin so gute Dienste geleistet hatten. Bald bekamen die Kapitäne der veralteten und langsamen Segelschiffe keine Aufträge mehr.

Umweltschützer fordern: Das Moor soll wieder wachsen

Der Abbau des Torfes hat nicht nur Vorteile gebracht. Zwar wurde viel Brennstoff und neues Bauernland gewonnen, aber eine Menge Tiere und Pflanzen gibt es nicht mehr, denn sie haben ihre Heimat verloren.
- Moore sind der Lebensraum für viele besondere Pflanzen, die auszusterben drohen. Dazu gehören die Glockenheide und Torfmoose, der Sonnentau und das Wollgras, die Moosbeere und die Moorlilie.
- Moore sind die Heimat seltener Tiere, die bald keinen Lebensraum mehr haben werden. Das sind das Birkhuhn, der Goldregenpfeifer und der Moorfrosch, die Schlingnatter und die Kreuzotter und viele bunte Libellen und Schmetterlingsarten.
- Außerdem ist nach dem Torfabbau der Grundwasserspiegel in den Moorgebieten stark gesunken.

Deshalb fordern wir, daß die verbliebenen Moorreste wieder vernäßt werden. Schüttet die Entwässerungsgräben zu! Laßt das Torfmoos wachsen! Schafft wieder Lebensraum für die Pflanzen und Tiere, die vom Aussterben bedroht sind!

Papenburg

Torfkahn

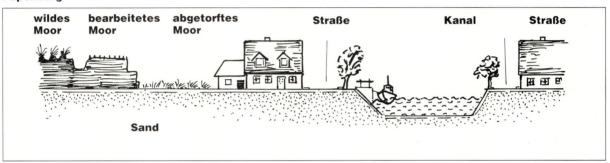

Lebensraum Moor

Schloß und Burg

Schloß Clemenswerth oben: Kurfürst Clemens August

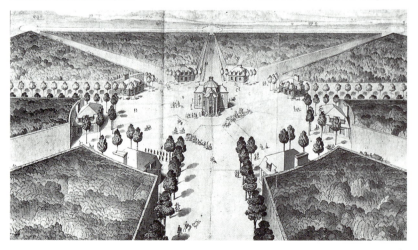

Clemenswerth – ein Jagdschloß im Hümmling

Clemens August (1700 - 1761) war Kurfürst von Köln und zugleich Fürstbischof von Paderborn, Münster, Osnabrück und Hildesheim. Seine großen Leidenschaften gehörten der Kunst und der Jagd.

Deshalb ließ er sich in der Einsamkeit des Hümmlings ein Jagdschloß bauen. Hier gab es noch unberührte Wälder, viel Wild, feuchte Moore und weite Heidegebiete.

Zusammen mit dem Baumeister Schlaun hatte Clemens August den Plan für sein Schloß bei Sögel ausgetüftelt. Die acht Pavillons rund um den Hauptbau boten genügend Platz für seine Jagdgäste, für die Küche und die Schloßkapelle. Sie sind in Form eines Sterns angeordnet. Im Marstall nebenan konnten 100 Pferde und die dazugehörigen Stallknechte untergebracht werden.

An den Außenmauern des Schlosses und auch in seinem Innern verraten die vielen Jagdszenen, daß es sich um ein Jagdschloß handelt. Es wurde im verspielten Rokokostil eingerichtet, wie es damals Mode war. Jedoch wurden die Möbel später verkauft.

Das Schloß gibt uns einen kleinen Einblick, wie prächtig früher die Fürsten lebten. Heute ist in den Pavillons ein Emslandmuseum untergebracht. Es macht uns mit der Geschichte des Emslandes, mit seiner Wohnkultur und mit der Geschichte der Jagd bekannt. Auch Künstler aus unserer Zeit stellen hier ihre Arbeiten aus. Im ehemaligen Marstall ist eine katholische Jugendbildungsstätte eingerichtet.

Im Schloß finden häufig Konzerte statt. So ist aus dem Jagdschloß Clemenswerth bei Sögel ein Kulturzentrum des Emslandes geworden.

Holländer besuchen Bad Bentheim – ein Fremdenführer erzählt

Seit einigen Jahren führe ich regelmäßig Besucher durch die Burg Bentheim. Darunter sind viele Kurgäste, die in unserem Sole- und Schwefelbad Heilung oder Linderung ihrer Beschwerden suchen.
Dabei fallen mir besonders die vielen Patienten auf, die an Rheuma oder an der Schuppenflechte leiden.
Im Sommer aber erlebe ich an jedem Wochenende einen Ansturm von Holländern, die die Burg besichtigen wollen. Natürlich gibt es auch in den Niederlanden Schlösser und Burgen, aber dort auf dem flachen Lande sind es meist Wasserburgen, die durch Wassergräben geschützt sind. Die Burg Bentheim aber ist eine Höhenburg, eine Burg auf einem mächtigen Sandsteinfelsen. In einer Urkunde kann man lesen, daß sie bereits 1116 zerstört und wiederaufgebaut wurde. Noch heute lebt ein Prinz zu Bentheim und Steinfurt darin.
Solch eine hochgelegene Burg findet man in ganz Holland nicht. Die Niederländer sind begeistert, wenn sie aus ihrer Ebene herauskommen und diese Burg aufragen sehen. Sie bewundern den Sandstein, den es in Holland nirgendwo gibt.
In früheren Jahrhunderten kauften sie deshalb gern diese herrlichen Bausteine, die auf dem Wasserwege über die Vechte in die Niederlande transportiert wurden. Das königliche Schloß in Amsterdam und zahlreiche Kaufmannshäuser in der Keizergracht sind aus Bentheimer Sandstein gebaut, ebenfalls die Börse in Rotterdam, der Dom zu Münster und die Rathäuser in Emden und Bremen.
Die Bevölkerung der Grafschaft Bentheim fühlt sich mit den Holländern eng verbunden.
Wie die Menschen jenseits der Grenze bekennen sich viele zum evangelisch-reformierten Glauben. Ihre Pastoren studieren in den Niederlanden, und bis Ende des vorigen Jahrhunderts wurde in den Grafschafter Kirchen noch in niederländischer Sprache gepredigt. Kein Wunder, daß die Bentheimer auch jenseits der Grenze eine Menge Verwandte haben, die sie regelmäßig besuchen. Die Verstän-

Trutzig und zinnenbewehrt: Burg Bentheim

digung ist nicht schwer, da hier wie drüben der gleiche Dialekt gesprochen wird.
Nicht nur durch Sprache, Natur, Freundschaft und Verwandtschaft fühlen sich die Menschen miteinander verbunden. Die Verantwortlichen der Städte und Dörfer im Grenzgebiet treffen sich regelmäßig. Sie haben sich zusammengeschlossen zu einer "Euregio", ein Vorbild für ein vereintes Europa ohne Grenzen.
Das ehemalige Kloster Frenswegen bei Nordhorn ist heute eine Bildungsstätte, in der sich insbesondere Menschen unterschiedlichen Glaubens und verschiedener Nation treffen und miteinander diskutieren. Auch dort begegnen sich immer wieder Holländer und Deutsche.

Burg und Stadt Bentheim

Schwebebahn und Aale

Beim Aalfang

Zu Besuch in der Aalbrutfangstation Herbrum

In der Aalbrutfangstation Herbrum bei Papenburg ist eine Schulklasse zu Gast.
Die Schüler haben eine Menge Fragen vorbereitet, die ihnen der Geschäftsführer der Fangstation so gut wie möglich beantwortet.

Frage: Es wimmelt hier an dieser Stelle der Ems von kleinen Glasaalen. Woher kommen sie, und was machen sie hier?
Antwort: Glasaale sind junge Aale, die von Amerika über den Atlantik zu uns kommen. Acht bis zwölf Jahre brauchen sie, bis sie sich hier in unseren Flüssen oder im Brackwasser der Nordsee groß und dick gefressen haben. Dann kehren sie an ihren Geburtsort zurück, ins 6.000 km entfernte Sargassomeer zwischen den Azoren, den Bermudas und den Westindischen Inseln. Dort ist das Meer 6.000 m tief. Die Elternaale legen ihren Laich in 1.000 m Tiefe ab und sterben dann schnell. Aus den Eiern schlüpfen weidenblattähnliche Larven. Sie lassen sich vom warmen Golfstrom an die Küsten Europas treiben. Die Reise dauert drei Jahre. Während der Zeit verwandeln sie sich in fingerlange, durchsichtige Glasaale. In riesigen Schwärmen schwimmen sie in die Flüsse hinein, wo sie bis zur Geschlechtsreife heranwachsen.

Frage: Kommt denn die Aalbrut das ganze Jahr hier in Herbrum an?
Antwort: Ende April treffen die ersten Schwärme ein. Das geht bis Anfang Juni. Immer drei Tage vor bis drei Tage nach dem Neumond bei auflaufendem Nachthochwasser erwarten wir ein Millionenheer von Glasaalen.

Frage: Wie kommt es, daß gerade in Herbrum die Aalbrutfangstation ist?
Antwort: Hier vor euch seht ihr das große Wehr quer durch die Ems. Es soll bei Hochwasser die Felder vor Überschwemmungen schützen. Das Wehr ist für die Aale ein unüberwindliches Hindernis. Sie versuchen auszuweichen und schwimmen die schmale Aaltreppe neben dem Wehr hinauf, die in einer Sackgasse endet.

Frage: Wann und wie fangen Sie diese Aalbrut ein?
Antwort: Wir fangen nur nachts im Schein der Lampen. Mit großen Leinenkeschern wird sie aus dem Wasser in die zwei großen Bassins geschaufelt. Hier können bis zu vier Zentner Glasaale lagern, bis sie verschickt werden.

Frage: Wofür braucht man die Aalbrut?
Antwort: Die Glasaale schwimmen zwar die Flüsse hinauf, aber die Binnengewässer, die Seen und Teiche mitten im Land, erreichen sie nie. Um aber auch dort Aale zu halten und zu mästen, müssen die Fischer die Aalbrut kaufen und dort aussetzen.

Frage: Ich habe gehört, daß hier in Herbrum nur weibliche Aalbrut gefangen wird. Stimmt das?
Antwort: Ja. Die männlichen Glasaale bleiben nahe der Küste im sogenannten Brackwasser. Nur die Weibchen treibt es stromaufwärts, bis sie hier in Herbrum ankommen. Darüber sind wir nicht böse. Während Männchen höchstens einen halben Meter lang und 200 g schwer werden, erreichen die Weibchen eine Länge bis zu eineinhalb Metern und ein Gewicht von bis zu sechs kg.

Frage: Wie kann man dieses merkwürdige Verhalten der Tiere erklären?
Antwort: Das ist ein großes Geheimnis, das von Wissenschaftlern bisher noch nicht geklärt werden konnte.

Mit der Transrapid – Magnetschwebebahn ins nächste Jahrhundert

Wir sind in Lathen an der Ems zu Gast. Wir befinden uns auf dem Versuchsgelände der ersten Magnetschwebebahn Deutschlands. Hier wird eine Bahn erprobt, die ohne Räder und ohne Schienen fährt. Sie braust mit einem Tempo von 400 Stundenkilometern über die 30 km lange Versuchsstrecke.
Der Fahrweg ist aus Spannbeton gebaut und steht auf 4,70 Meter hohen Pfeilern. Auf diese Weise werden andere Verkehrswege nicht berührt. Für den Wildwechsel gibt es auch keine Probleme, und auf den Feldern können die Bauern ungehindert arbeiten.
Der Transrapid ist eine Magnetschwebebahn. Starke Elektromagnete am Fahrzeug und auf der Fahrbahn lassen den Zug berührungsfrei fahren. Er schwebt einige Zentimeter über seiner "Straße" und wird durch starke Elektromotoren mit magnetischer Kraft nach vorn getrieben.
Gerade in diesem Augenblick öffnen sich die Tore der großen Halle. Der Transrapid fährt heraus und beschleunigt sein Tempo ungeheuer. Wie ein Fahrzeug aus einem Zukunftsfilm jagt er über die Teststrecke. Er braucht keine Kohle, kein Benzin und kein Öl und hinterläßt keine giftigen Abgase. 192 Personen können in ihm Platz finden. Keine Erschütterung ist in diesem Fahrzeug zu spüren. Der Fahrgast wird eines Tages bequem und sicher seinem Ziel entgegenschweben. Noch ist die Magnetschwebebahn zwischen Lathen und Dörpen kein öffentliches Verkehrsmittel. Es wird weiter getestet und verbessert.

Niedersachsen für Kinder und Kenner / Emsland

Bodenschätze

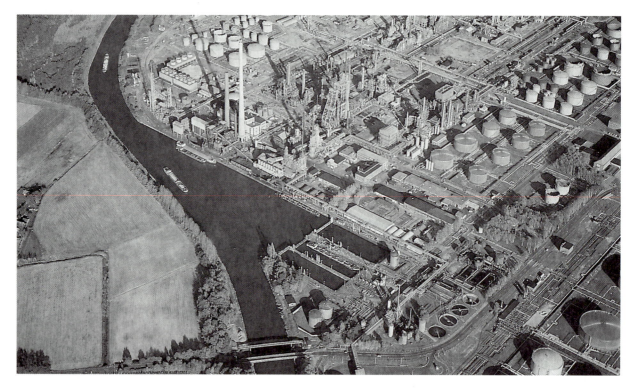

Raffinerie Holthausen, Erdölfelder im Emsland

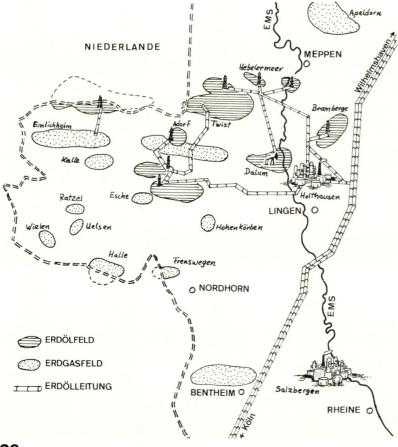

Erdöl und Erdgas

Vor Jahrmillionen waren Meer und Land anders verteilt als heute. Ein großer Teil Norddeutschlands war vom Meer überspült.
Abgestorbene Wasserpflanzen und tote Meerestiere lagerten sich auf dem Meeresboden ab. Sie verwesten, und dabei bildete sich ein Gas. Aber das Fett der Tiere verweste nicht.
Daraus entwickelte sich das Erdöl. Später lagerten sich immer neue Erdschichten darüber, die im Laufe der Zeit versteinerten. In diesem Gestein ist das Erdöl eingebettet. Das Erdgas sammelte sich in unterirdischen Hohlräumen.
Man muß tief bohren, wenn man an das Erdöl oder Erdgas herankommen will.
Auch im Emsland und in der Grafschaft Bentheim hat man Erdgas und Erdöllager entdeckt.
Aber im Gegensatz zum Erdöl am Persischen Golf sprudelt das Öl hier nicht von selbst aus den Bohrlöchern.
Das emsländische Erdöl ist zäh und dickflüssig. Mit Nickerpumpen allein kann man nur einen geringen Teil aus dem porösen Gestein heraufpumpen.

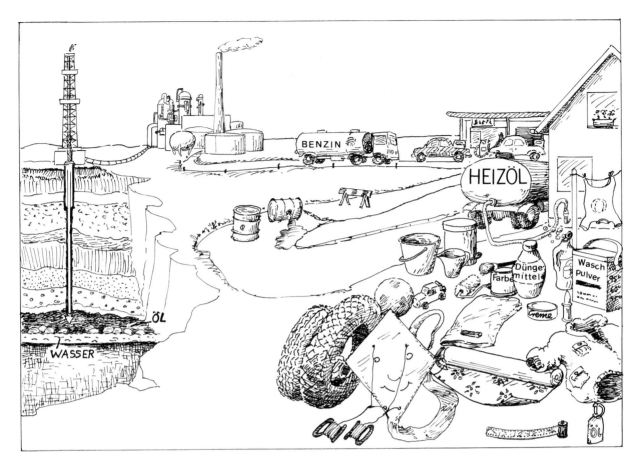

Man muß nachhelfen. Neben den alten Bohrlöchern werden neue gebohrt, durch die Erdgas oder heißer Wasserdampf in das Erdreich gepreßt werden. Auf diese Weise kann mehr gefördert werden. Das Erdöl gelangt durch lange Rohrleitungen (Pipelines) in die Raffinerie Holthausen. Diese Ölverarbeitungsanlage nimmt auch ausländisches Erdöl auf, es wird vom Ölhafen in Wilhelmshaven ins Emsland gepumpt.

In der Raffinerie Holthausen - Eine Schülergruppe aus Osnabrück stellt kluge Fragen

Frage: Bei unserer Fahrt durch die Erdölfelder im Emsland ist uns aufgefallen, daß einige Bohrstellen stillgelegt worden sind. Sind die Vorräte erschöpft?
Antwort: Nein, aber es lohnt sich hier nicht mehr, weiter Öl zu fördern, weil die Kosten höher sind als der Gewinn.
Frage: Können Sie das etwas genauer erklären?
Antwort: Die Förderung des emsländischen Öls ist teuer, weil es nicht einfach aus der Erde sprudelt wie am Persischen Golf, sondern mit kostspieligen Verfahren herausgepreßt werden muß.
Dazu kommt, daß es zu schwer ist und viel Rückstände enthält. Nur ein Viertel davon läßt sich durch Erwärmen und Verdampfen in Benzin und leichte Öle umwandeln. Der Rest besteht aus schwerem Heizöl, das wir nicht verkaufen können. Deshalb müssen diese Rückstände mit Hilfe eines sehr teuren Verfahrens weiter bearbeitet werden, um auch daraus noch Benzin und leichte Öle zu gewinnen. Dafür gibt es genügend Abnehmer.

Frage: Ist denn die Verarbeitung von ausländischem Erdöl auch so teuer?
Antwort: Nein, eben nicht! Ausländisches Erdöl ist leicht und enthält wenige Rückstände. Mehr als drei Viertel läßt sich ohne das teure Krackverfahren zu Benzin und leichten Ölen verarbeiten.
Frage: Dann wäre es ja richtig, alle Bohrstellen im Emsland zu schließen
Antwort: Nein! Wenn auch die Förderung und Verarbeitung des emsländischen Erdöls viel teurer ist als die des ausländischen Erdöls, so hat unser Öl den Vorteil, daß es kaum Schwefel enthält. Die Entschwefelung des ausländischen Erdöls verursacht hohe Kosten, denn der Schwefel muß raus, weil sonst unsere Luft vergiftet wird.
Frage: Also wird auch in Zukunft noch emsländisches Erdöl gefördert werden?
Antwort: Ja, davon bin ich überzeugt.

Das Oldenburger Land

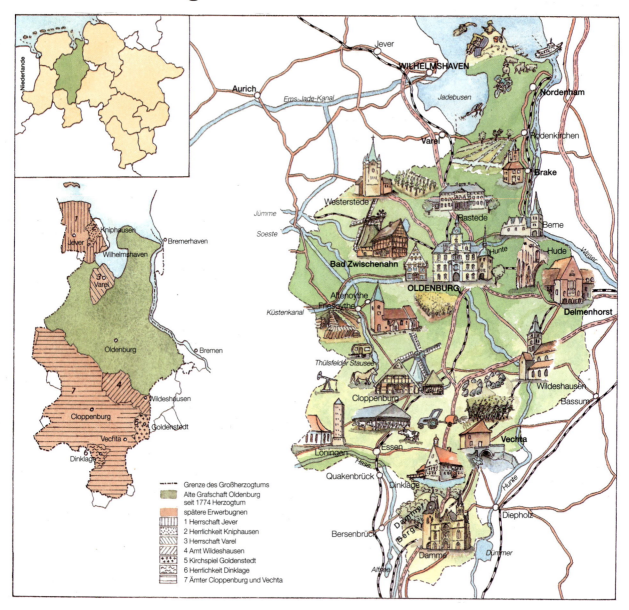

Vielfältiges Oldenburger Land

Viele Jahrhunderte lang war das Oldenburger Land ein selbständiger Staat mit einem Monarchen (Graf, Herzog oder Großherzog) an der Spitze. Heute ist Oldenburg Verwaltungsmittelpunkt des Regierungsbezirks Weser-Ems. Das Oldenburger Land besteht aus sehr unterschiedlichen Gebieten.
Im Nordwesten liegen der Küstenkreis Friesland und die Marinestadt Wilhelmshaven. Die flache Wesermarsch im Nordosten zeigt hauptsächlich Grünland.
Im Ammerland und um das Zwischenahner Meer finden wir das zweitgrößte Baumschulgebiet der Bundesrepublik. Dort werden vorwiegend Pflanzen für Grünanlagen gezüchtet. Im östlichen Oldenburger Land liegt die Industriestadt Delmenhorst.

Den Süden des Landes bilden die Landkreise Cloppenburg und Vechta. Sie heißen noch heute "Oldenburger Münsterland", weil sie früher dem Bischof von Münster gehörten. Die Landwirte Südoldenburgs haben sich auf Schweinemast und Geflügelhaltung spezialisiert.
Die Landschaft hat an vielen Stellen ihr Gesicht verändert, sie ist eintöniger geworden. Dazu kommen die Umweltprobleme, die besonders durch die Beseitigung der Gülle verursacht werden.
Besondere Sehenswürdigkeiten in Südoldenburg und der nördlich angrenzenden Wildeshauser Geest sind die größten Steingräber Deutschlands, die etwa 4000 Jahre alt sind und aus der Jungsteinzeit stammen.
Bei Cloppenburg zeigt das Niedersächsische Freilichtmuseum "Museumsdorf Cloppenburg" in mehr als 50 landwirtschaftlichen Gebäuden, wie unsere Vorfahren gelebt

Graf Anton Günthers Pferd "Kranich"

und gearbeitet haben. Die Stadt Oldenburg schließlich ist eine der wenigen größeren Städte, die im 2. Weltkrieg nicht zerstört wurden.

Hier kann der Besucher auf "Spurensuche" gehen und vieles aus der Zeit entdecken, als Oldenburg noch Residenz und Landeshauptstadt war.

Die Geschichte des Oldenburger Landes

Um 1100 gründete Egilmar I. das Oldenburger Grafenhaus. Er hatte seinen Hauptsitz auf einer Burg, die an der Mündung des Flüßchens Haaren in die Hunte lag. In den darauffolgenden Jahrhunderten vergrößerten die Oldenburger Grafen ihr Herrschaftsgebiet erheblich.

Kriege und Erbgänge veränderten das Land immer wieder, so z.B. unter dem Grafen Anton Günther (1603-67). Als 20jähriger übernahm er die Regierungsgewalt. Er begründete die Oldenburger Pferdezucht, da er selbst ein großer Pferdefreund war. Sein Lieblingspferd "Kranich" mit langem Schweif und überlanger Mähne ist noch heute in Oldenburg bekannt und wird oft abgebildet. Graf Anton Günther blieb im 30jährigen Krieg neutral und konnte so sein Land vor Zerstörungen bewahren. Große Einnahmen brachte der Weserzoll, den er nach geschickten Verhandlungen mit dem Kaiser als dauerndes Recht für die Oldenburger sichern konnte. Die Zollgebühr wurde bei Elsfleth von allen Schiffen auf der Weser erhoben.

Graf Anton Günther hatte keine direkten Erben, deshalb wurde die Grafschaft an Verwandte aufgeteilt. Der Hauptteil fiel für über 100 Jahre an Dänemark. 1773 gewann die Grafschaft ihre Selbständigkeit zurück, Kaiser Franz-Joseph erhob sie zum Herzogtum. Unter Herzog Peter-Friedrich-Ludwig wurde in Oldenburg die erste Sparkasse Deutschlands gegründet, die heutige Landessparkasse zu Oldenburg. 1803 wurde das Herzogtum Oldenburg in seiner Ausdehnung verdoppelt. Die geistlichen Fürstentümer, in denen ein Bischof als Landesherr regierte, wurden aufgelöst und an andere Fürsten aufgeteilt. Die Gebiete um Vechta und Cloppenburg, die vorher dem Bischof von Münster unterstanden hatten, kamen zusammen mit Wildeshausen an Oldenburg.

Nach dem 1. Weltkrieg mußte 1918 der Großherzog abdanken. Oldenburg wurde ein selbständiger Freistaat mit einer vom Volk gewählten Regierung. In der Zeit des Nationalsozialismus (1933 - 45) wurde Oldenburg vorübergehend "Gauhauptstadt" für das Gebiet zwischen Weser und Ems.

Nach dem 2. Weltkrieg gelang es nur kurzfristig, das selbständige Land Oldenburg wiederherzustellen. Seit 1946 bildete es einen selbständigen Verwaltungsbezirk innerhalb des neuen (Bundes)landes Niedersachsen. Die letzte Veränderung gab es 1978: Die Stadt Oldenburg wurde Verwaltungssitz des neuen Regierungsbezirks Weser-Ems.

Die Stadt Oldenburg - gestern und heute

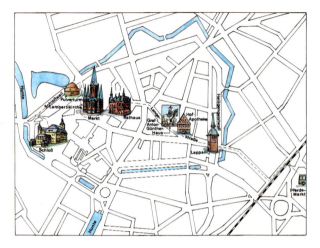

Oldenburger Sehenswürdigkeiten

Auf Spurensuche in Oldenburg

Viele unserer Großstädte haben ihr Aussehen in den letzten fünfzig Jahren völlig verändert. Auch in Oldenburg ist die Zeit nicht stehengeblieben, doch das Straßennetz der Altstadt hat sich über Jahrhunderte erhalten.
Die Stadtpläne aus alter und neuer Zeit wirken auf den ersten Blick recht unterschiedlich. Aber bei genauerem Hinsehen erkennen wir auf dem neuen Plan die Altstadt, die früher mit Mauer und Graben befestigt war. Sie ist heute eine Fußgängerzone.
Eine Besuchergruppe hat am belebten Pferdemarkt den Bus verlassen. Wir können auf unseren Plänen ihren Rundgang verfolgen. An manchen Stellen zeigt uns der alte Plan viel deutlicher die Spuren der Vergangenheit, als sie unsere Gruppe mit ihrem Fremdenführer erkennen kann.
Die Besucher erreichen die Altstadt am Heiligengeistwall. Schon der Name sagt, daß hier früher eine Befestigung lag. Gleich links finden sie in einem Kirchturm das Informationsbüro. Der alte Plan gibt die Erklärung: Hier stand früher die Heilig-Geist-Kapelle, von der nur der aus Backstein erbaute Turm erhalten geblieben ist. Die Oldenburger nennen ihn "Lappan", weil er zunächst frei stand und dann an die Kapelle "angelappt" wurde. Der Lappan ist das Wahrzeichen der Stadt.
Die Straße weitet sich zu einem dreieckigen Platz mit plätscherndem Brunnen, den auch der alte Plan an dieser Stelle zeigt. Er diente früher der Versorgung mit Trinkwasser. Die Gruppe biegt in die Lange Straße ein, rechts weist der Fremdenführer auf zwei mächtige Giebelhäuser hin: Hofapotheke und Haus "Graf Anton Günther". Der beliebte Herrscher ist als Reiter auf einem großen Fassadengemälde zu sehen. Die Sandsteinverzierungen nennen die Baujahre: 1677 und 1682. Das war unmittelbar nach dem großen Stadtbrand, der fast die gesamte Innenstadt vernichtete.
Nach wenigen Minuten erreichen die Besucher den Markt. Das Rathaus mit dreieckigem Grundriß sieht noch gar nicht so alt aus. 1887 steht als Jahreszahl dort eingemeißelt. Der Blick auf den Plan zeigt uns, daß hier auch früher schon das Rathaus gestanden hat, mit einem rechteckigen Grundriß und offenen Lauben zur Marktseite hin. Der Wochenmarkt wird noch immer an derselben Stelle abgehalten, im Schatten der mächtigen Lambertikirche. Auf dem alten Plan zeigt sich dort ein langgestreckter Bau ohne Turm. Wie die Besucher erfahren, stürzte diese Kirche 1791 ein. An dieser Stelle wurde damals ein Rundbau errichtet, der vor 100 Jahren eine neue Außenhaut aus Backstein und viele Türme erhielt. Im Innern ist die Kirche heute noch rund.
Die Gruppe ist jetzt wieder in der Nähe der alten Umwallung angelangt, wo wir auf unserem Plan den Hinweis "Pulverturm" finden. Hinter den meterdicken Mauern lagerte früher die Munition. Der Plan zeigt, daß es noch mehr solcher Türme gab. Heute wird dieses Baudenkmal als letzter Rest der Stadtbefestigung in gutem Zustand gehalten.
Als nächstes Ziel der Besichtigung folgt das Schloß. Auf dem alten Plan finden wir hier noch eine Burganlage, kreisrund und von einem Wassergraben umgeben. Der mittlere Teil der heutigen Gebäude stammt noch aus dieser Zeit. Doch die Burg wurde allmählich in ein Schloß umgewandelt, das dem Herzog ein prunkvolleres Leben ermöglichte. In dem Gebäude ist heute das Landesmuseum untergebracht.

Wie Oldenburg eine Großstadt wurde

An der Stelle einer sächsischen Ringburg entsteht 1108 die "Aldenburg" (alte Burg).
1180 wird die Stadt Mittelpunkt der selbständigen Grafschaft, sie erhält 1345 das Stadtrecht, wird 1676 durch einen Großbrand fast vollständig vernichtet, wächst 1775 erstmalig über die niedergelegten Befestigungen hinaus und wird nach 1945 Großstadt.

Was Oldenburg zu verwalten hatte

seit 1180 die Grafschaft Oldenburg
seit 1773 das Herzogtum Oldenburg
seit 1815 das Großherzogtum Oldenburg
seit 1918 den Freistaat Oldenburg
seit 1946 den Verwaltungsbezirk Oldenburg
seit 1978 den Regierungsbezirk Weser-Ems

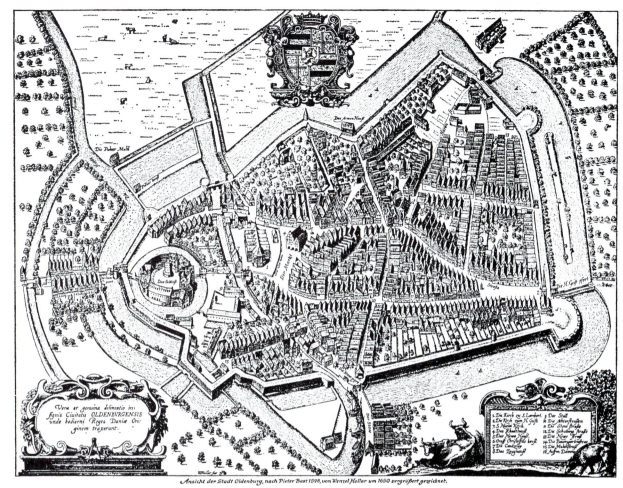

Die Stadt Oldenburg 1598

Was Oldenburg heute noch zu bieten hat

- eine Universität
- das Staatstheater mit Oper, Operette, Schauspiel, Musical, Ballett
- den nach Hannover größten Binnenhafen Niedersachsens, die Eisenbahn überquert ihn auf der größten Roll-Klappbrücke Europas
- Museen für Stadtgeschichte, Landesgeschichte, Kunst, Naturkunde und Archäologie
- Oldenburg - eine weltoffene Stadt, in der 1870 der Hof-Druckereibesitzer August Schwartz die Ansichtskarte erfunden hat.

Die Ansichtskarte – eine Oldenburger Idee

Bauern heute und in alter Zeit

Leben in einem niedersächsischen Bauernhaus

Im Museumsdorf Cloppenburg

Die Bauernhöfe wurden in den letzten vierzig Jahren sehr stark verändert. Oft mußten die Bauern sich spezialisieren, das heißt, sie halten nur noch eine bestimmte Tierart oder bauen nur noch bestimmte Pflanzen an. Maschinen helfen ihnen dabei. Sie fanden in den alten Gebäuden nicht mehr genügend Platz, denn jahrhundertelang war Landarbeit Handarbeit gewesen.

Wie ein Bauernhof früher ausgesehen hat, das kann man im Niedersächsischen Freilichtmuseum "Museumsdorf Cloppenburg" erfahren. Dort sind über 50 Gebäude wieder so aufgebaut worden, wie die Bauern sie vor hundert und mehr Jahren bewohnt und bewirtschaftet haben.

Sehen wir uns einmal den Hakenhof an: Der mächtige Fachwerkgiebel zeigt über der Einfahrt eine Inschrift. Hier kann der Besucher erfahren, daß der Hof 1793 von der Hoferbin und ihrem Mann, einem "geborenen Vorwerk" errichtet wurde. Der Ehemann mußte also den Namen der Erbin annehmen, damit der Hofname erhalten blieb. Den Giebelbalken ziert ein frommer Spruch:

Im Museumsdorf

Dieses Hauß O Herr Bewahr
Vor allem Unglück und Gefahr
und Alle die darinnen wohnen
Wolles Du O Herr Gnädig Verschonen
An Gottes Seegen Ist Alles Gelegen
O Herr Du Bist Unter Uns
Bewahre Uns Doch Auch O Gott.

Das Tor führt in die Diele dieses "Niederdeutschen Hallenhauses". Rechts und links der Einfahrt waren die Pferdeställe untergebracht, darüber die Knechtekammer. Man kann von einem "Einhaus" sprechen, in dem Menschen und Vieh gemeinsam unter einem Dach lebten.

In ihm lagerte alles, was geerntet wurde, und im Haus wurden auch die wichtigsten Arbeiten verrichtet.

Auf der Diele wurde das Korn mit Dreschflegeln ausgedroschen. Es lagerte bis zum Winter auf dem großen

Dachboden. Rechts und links standen die Kühe, die im Sommer natürlich draußen weideten.

An der anderen Seite der Halle ist ein offenes Feuer zu finden. Es bildete den Mittelpunkt des Wohnteils. Hier gab es keine Trennung von Mensch und Vieh.

Erst im vorigen Jahrhundert baute man in den meisten Häusern eine Trennwand zwischen Diele und Flett, dem Wohn-, Eß- und Arbeitsraum. Das Flett zog sich quer durch das Haus, von der einen zur anderen Seitenwand. Die beiden Nischen rechts und links nennt man auch Luchten. Links hatte die Hausfrau ihren "Waschort". Hier konnte sie auch auf der Anrichte das Essen vorbereiten. An der anderen Seite steht der lange Eßtisch, an dem die Großfamilie des Bauern mit den Knechten und Mägden genügend Platz fand.

Die kleineren Häuser hatten keine weiteren Räume. Alles spielte sich rund um das offene Feuer ab, auf dem natürlich auch gekocht wurde. Zum Schlafen waren Schrankbetten eingebaut, die tagsüber mit einer Schiebetür geschlossen wurden.

In den großen Bauernhäusern wie dem Hakenhof gibt es hinter dem Herdraum noch mehrere Kammern und eine Stube. Diese kann mit einem "Hinterlader" beheizt werden, einem Ofen, der aus Eisenplatten zusammengesetzt und mit der Wand verbunden ist. Er wird vom Flett aus durch ein Loch in der Wand beheizt. Doch das leisteten sich die sparsamen Bauern nur an Sonn- und Feiertagen. Ein berühmter Osnabrücker Gelehrter, Justus Möser, hat vor 200 Jahren geschildert, warum die Häuser so eingerichtet waren:

"Der Herd ist fast in der Mitte des Hauses so angelegt, daß die Frau, welche bey demselben sitzt, zu gleicher Zeit alles übersehen kann. Ein so großer und bequemer Gesichtspunkt ist in keiner anderen Art von Gebäuden. Ohne von ihrem Stuhl aufzustehen, übersieht die Wirthin zu gleicher Zeit drey Thüren, dankt denen, die herein kommen, heißt solche bey sich niedersetzen, behält Kinder und Gesinde, ihre Pferde und Kühe im Auge, hütet Keller und Boden und Kammer, spinnet immerfort und kocht dabey. Ihre Schlafstelle ist hinter diesem Feuer, und sie behält aus derselben eben diese große Aussicht, sieht ihr Gesinde zur Arbeit aufstehen und sich niederlegen, das Feuer anbrennen und verlöschen, und alle Thüren auf und zugehen, höret ihr Vieh fressen, die Weberin schlagen und beobachtet wiederum Keller, Boden und Kammer. — Wer vollends seine Pferde in einem besonderen Stalle, seine Kühe in einem anderen, und seine Schweine in einem dritten hat und in einem eigenen Gebäude drischt, der hat zehnmal so viel Wände und Dächer zu unterhalten, und muß den ganzen Tag mit Besichtigen und Aufsichthaben zubringen."

Vor allem aber wärmte das Vieh das gesamte Haus.

Fabrik oder Bauernhof?

Die Landwirtschaft hat Probleme

Mit dem Wandel in der Landwirtschaft verändert sich auch unsere Landschaft. Das merkt man besonders in den Kreisen Vechta und Cloppenburg.

Um konkurrenzfähig zu bleiben, mußten sich die Bauern spezialisieren, also zum Beispiel nur noch Schweine mästen und Geflügel halten.

Das bringt für uns alle große Probleme: Die fabrikähnlichen Höfe können günstiger produzieren; sie verdrängen aber nach und nach die kleinen Familienbetriebe, von denen schon viele verschwunden sind.

Durch die Massentierhaltung gibt es mehr Gülle (Mist und Jauche) als für die Düngung benötigt wird. Das bringt außer dem unangenehmen Geruch große Probleme mit sich. Besonders gefährdet ist das Trinkwasser, da zu viel Gülle auf die Felder gebracht wird, die versickert und so das Grundwasser vergiftet. Überall entstehen riesige Maisfelder, weil Mais viel Gülle vertragen kann und sich gut als Futterpflanze eignet.

So änderte die Landschaft, die früher einmal ganz abwechslungsreich aussah, wie wir sie heute nur noch in wenigen Gebieten Niedersachsens finden, ihr Gesicht. Große einheitliche Flächen ohne Büsche, Hecken und Bäume wurden angelegt, die sich von den Farmen in Nordamerika kaum noch unterscheiden. Alles, was den großen Maschinen im Wege war, mußte verschwinden. Die gewundenen Bäche wurden fast überall begradigt.

Viele Probleme - und ihre Lösung wird nicht einfach sein. Wird es uns gelingen, sie in den Griff zu bekommen?

Die Großsteingräber

Die ältesten Bauwerke unseres Landes sind über 4000 Jahre alt. Sie stammen aus einer Zeit, in der die Menschen sich seßhaft machten und Ackerbauern und Viehzüchter wurden. Ihre Häuser sind längst verschwunden. Aber die Gräber, die sie wie für die Ewigkeit bauten, finden wir noch in vielen Gebieten Niedersachsens.
Besonders eindrucksvolle Gräber aus der Jungsteinzeit findet man in der Wildeshauser Geest, wo heute die Landkreise Oldenburg und Vechta zusammentreffen.
Unsere Vorfahren konnten sich nicht vorstellen, daß diese mächtigen Gräber von Menschen unserer Größe und ohne Maschinen gebaut worden sind. Sie glaubten, daß Riesen (Hünen) hier am Werk waren und nannten sie deshalb "Hünengräber". Andere glaubten an übernatürliche Kräfte. Solche Deutungen finden wir in Sagen, die vielen der Gräber ihren Namen gaben. So auch bei den größten deutschen Grabanlagen in der Nähe von Visbek.

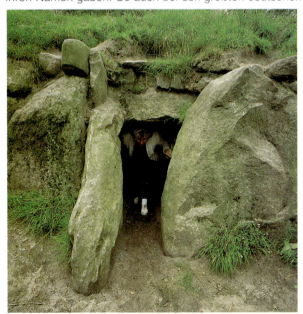

Visbeker Braut und Bräutigam

In der Ahlhorner Heide, anderthalb Stunden von dem Dorfe Visbek entfernt, finden sich eine Menge Hünensteine beieinander. Vorn stehen vier große Steine, dann folgen in zwei langen Reihen etwa siebzig kleinere. Man nennt sie die "Visbeker Braut". Etwa dreiviertel Stunden davon sieht man eine ähnliche Steingruppe, die der "Bräutigam" genannt wird.
Über die Entstehung dieser seltsamen Bezeichnungen erzählt die Sage:
Zu Großenkneten lebte ein reicher Bauer, der hatte eine einzige Tochter, namens Gretchen. Schon lange liebte sie Konrad, den Sohn ihres Nachbarn, der mit ihr aufgewachsen war, und sie hofften beide, ein Paar zu werden. Gretchens Vater aber wollte nichts davon wissen; denn der Hof von Konrads Eltern war sehr verschuldet.
Eines Tages kam der Sohn eines reichen Bauern aus Visbek, namens This Jörgen, und hielt um Gretchens Hand an. Ohne die Tochter zu befragen, wurde sie ihm vom Vater zugesprochen. Gretchen weinte und flehte,

kümmern. Endlich war der für Gretchen so unglückliche Tag gekommen. Die Braut wurde aufs schönste geschmückt, und schon versammelten sich die Hochzeitsgäste, um sie gen Visbek zu führen. Gretchen wankte in ihrer Mitte dahin, als ging's zum Tode. Ihr einziger Wunsch war, lieber zu sterben, als dem ungeliebten Manne anzugehören.

Als der Hochzeitszug mitten auf der Heide angelangt war, stürzte plötzlich ein Jüngling atemlos daher und warf sich der Braut in die Arme. Es war Konrad, ihr treuer Geliebter, der ebenfalls ohne Gretchen nicht leben zu können glaubte. Alle blieben entsetzt stehen. Gretchens Vater aber ward zornig und wollte den unwillkommenen Störer davonjagen. Doch die beiden Liebenden umschlangen sich fest und sprachen: "Wenn Menschen kein Erbarmen mit uns haben, so möge Gott uns lieber zusammen in Steine verwandeln!"

Und siehe, in demselben Augenblick erstarrten beide, so wie sie sich umschlungen hielten, zu Stein und bildeten eine einzige fest verbundene Steinmasse. Der hartherzige Vater und das ganze Hochzeitsgefolge stürzten vor Schrecken nieder auf die Knie, und sie wurden ebenfalls zu Steinen. Auch dem Visbeker Bräutigam, der ihnen mit seinem Gefolge entgegenzog, widerfuhr in demselben Augenblick das gleiche Schicksal. Beide Steinreihen stehen noch heute auf der Heide bei Visbek als ein warnendes Beispiel für hartherzige Eltern.
(Nach Nieberding und Amalie Schoppe)

man möge ihr doch den groben und stolzen Jörgen nicht aufdrängen; sie liebe ja Konrad, und keinen anderen wolle sie heiraten. Aber der Vater ließ sich nicht irremachen; er bestimmte mit dem reichen Schwiegersohn den Tag der Hochzeit, ohne sich um die Tränen der Tochter zu

So könnte es gewesen sein

Die Forscher wissen heute, daß Menschen mit sehr viel Geschick die tonnenschweren Steine bewegen konnten. Rollen und Hebel waren die wichtigsten Werkzeuge, die sie dazu benötigten.
So könnte man sich den Bau eines Großsteingrabes vorstellen:
1. Ausheben der Fundamentgräben
2. Rollen der Steine auf Baumstämmen (vielleicht auf gefrorenem Boden)
3. Kippen der flachen Steine in den Graben, so daß sie senkrechte Wände bilden
4. Auffüllen einer Böschung (Rampe), die bis zur Oberkante des Trägersteins reicht
5. Rollen der Decksteine auf die Trägersteine (dazu ist der Raum zwischen den Trägersteinreihen aufgefüllt)
6. Ausräumen der Auffüllung zwischen den Trägersteinen
7. Pflastern des Bodens und Auffüllen der Lücken zwischen den meist gerundeten Steinen
8. Anlegen eines Ganges für spätere Bestattungen
9. Bedecken des Grabes mit Erde in Hügelform
10. Begrenzen des Hügels durch aufrecht stehende Steine

Baumschulen im Ammerland

Schulen ohne Lehrer und Schüler

Wer kennt eine Schule ohne Lehrer und Schüler? Mit diesem Rätsel wollte Reporter Max Hesse seinen Bericht über Schulen beginnen, die eigentlich keine sind: Baumschulen. Das Lexikon gab ihm nur eine knappe Auskunft:

Baumschule: Grundstück, auf dem Holzgewächse aus Samen, Ablegern oder Stecklingen unter mehrmaligem Umpflanzen (Verschulen) gezogen werden.

Außerdem konnte er noch erfahren, daß das Ammerland, rund um das Zwischenahner Meer, das zweitgrößte Baumschulgebiet der Bundesrepublik ist. Das größte liegt bei Pinneberg in Schleswig-Holstein. Kaum hat er Oldenburg verlassen, da zeigen sich schon an beiden Straßenseiten lange, gleichmäßige Reihen von Bäumchen und Sträuchern - Millionen von Pflanzen, die in ihren unterschiedlichen Grüntönen ein abwechslungsreiches Landschaftsbild bieten.

Der Gartenbauingenieur in einer der größten Baumschulen des Ammerlandes ist gern bereit, Max Hesse einige Fragen über seinen Betrieb zu beantworten.

Frage: Warum gibt es gerade hier so viele Baumschulen?

Antwort: Wir haben hier zwei besonders günstige Voraussetzungen für viele Holzpflanzen, besonders für Rhododendren. Das Klima ist gleichmäßig - milde Winter und nicht zu heiße Sommer. Aber vor allem der Boden, der humos, sandig und anmoorig ist, eignet sich für unsere Züchtungen.

Frage: Man sieht überall besonders viele Rhododendrenpflanzen. Gab es die schon immer hier?

Antwort: Schon sehr lange. Hier haben wir die größten Rhododendrenkulturen Deutschlands. In jedem Jahr ziehen unsere Rhododendrenparks viele tausend Besucher an. Vor etwa 150 Jahren hat der Gärtner des Großherzogs von Oldenburg auf Schloß Rastede die ersten Rhododendren aus England bezogen. Sie entwickelten sich vorzüglich. Auch mit seinen Neuzüchtungen hatte er großen Erfolg. Das war der Anfang der Ammerländischen Baumschulen. Heute gibt es hier über 200, dazu noch etliche Nebenerwerbsbetriebe.

Frage: Wie verläuft denn die Arbeit in einer Baumschule?

Antwort: Im Januar und Februar arbeiten wir vor allem in unseren riesigen Gewächshäusern. Stecklinge werden gesetzt und veredelt, neue Sorten gezüchtet.

Das Frühjahr ist eine besonders eilige Zeit. Der Versand

Harte Arbeit in der Baumschule

bringt unsere Pflanzen zu den Gärtnereien in ganz Westeuropa. Wir beliefern aber auch städtische Parkanlagen und Straßenbauämter. Mai und Juni sind vor allem Zeiten des Umpflanzens. Alle zwei bis drei Jahre werden unsere Bäume und Büsche umgepflanzt, damit die Wurzeln sich nicht zu mächtig entwickeln. Den Boden bereiten wir mit Naturdünger vor. Wir untersuchen aber auch, ob für verschiedene Pflanzen noch Kalk oder Stickstoff nötig ist. Natürlich haben wir Interesse daran, daß unsere Pflanzen möglichst schnell wachsen, denn je größer sie sind, desto mehr Gewinn läßt sich erzielen.

Im Juli und August führen wir in unserer Baumschule Pflegearbeiten durch. Da ist zunächst die Unkrautbekämpfung mit der Hand, aber auch Schmalspurtraktoren, die zwischen den Baumreihen hindurchfahren, helfen uns. Wir verwenden kaum noch chemische Mittel. Eine zweite Pflegemaßnahme ist das Beschneiden der Kronen.

Ende September beginnt die zweite große Verkaufszeit, der Herbstversand, der sich, wenn es die Wetterlage erlaubt, bis Anfang Dezember hinzieht. Danach beginnt wieder die Winterarbeit im Gewächshaus.

Frage: Können Sie denn ihre 220 Leute das ganze Jahr hindurch beschäftigen?

Antwort: Nein, im Winter entlassen wir einen Teil unserer Leute. Viele haben einen Nebenerwerbsbetrieb. Sie nutzen diese Zeit, um ihre eigenen Pflanzen zu bearbeiten.

Containerpflanzen

Niedersachsen für Kinder und Kenner / Das Oldenburger Land

Das Elbe-Weser-Dreieck

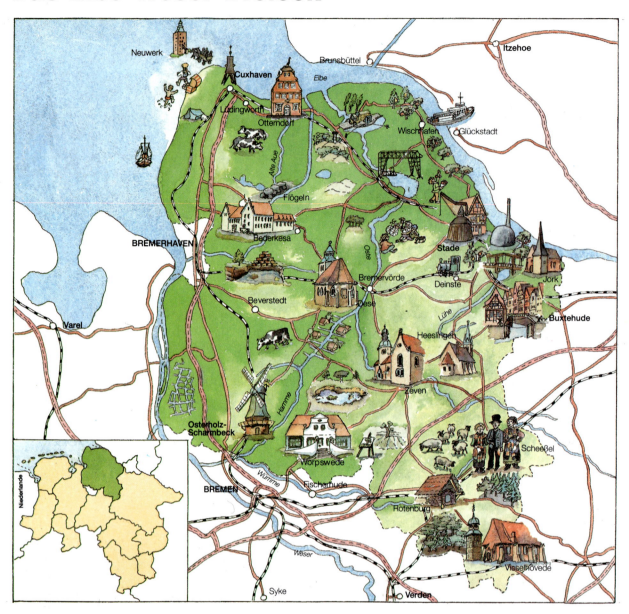

Das grüne Dreieck

Das "grüne Dreieck" - so wird das Gebiet zwischen Unterweser, Unterelbe und Nordseeküste bezeichnet.
Die Landkreise Cuxhaven, Stade, Osterholz und Rotenburg an der Wümme gehören dazu. Bremerhaven am Mündungstrichter der Weser gehört zum Bundesland Bremen.
Das Seebad Cuxhaven ist einer der bedeutenden Erholungsorte Niedersachsens. Von hier aus führt bei Ebbe eine Poststrecke mit Pferdewagen durch das Watt zur Insel Neuwerk. Im Landkreis Cuxhaven liegt an einem See der Luftkurort Bederkesa mit einer interessanten Wasserburg, die aus einer Ruine wiederaufgebaut wurde. In Stade erinnert vieles an die Schweden, die hier vor über 300 Jahren eine bedeutende Festung ausbauten.

Stade hat zwei Gesichter: eine gemütliche Altstadt mit verwinkelten Gassen um den alten Hafen und mächtige Industriewerke an der Elbe.
Ganz in der Nähe liegt das Alte Land, das größte Obstbaugebiet Deutschlands, teilweise tiefer als der Meeresspiegel. Es wird durch mächtige Deiche vor Überflutungen geschützt. In der Nähe liegt Buxtehude, bekannt durch das Märchen vom Wettlauf zwischen Hase und Igel.
Rotenburg an der Wümme ist der Mittelpunkt eines ebenso großen wie dünnbesiedelten Landkreises. Die südlichen Orte des Kreises um Visselhövede gehören schon zur Lüneburger Heide.
Im Landkreis Osterholz ist das geheimnisvolle Teufelsmoor um 1900 von bedeutenden deutschen Malern entdeckt worden. Der Mittelpunkt dieses Gebietes ist die bekannte Künstlerkolonie Worpswede.

Obstblüte im Alten Land

Millionen Obstbäume im Alten Land

Schwinge, Lühe und Este: das sind drei westliche Nebenflüsse der Elbe zwischen Stade und Harburg. Sie zerteilen das fruchtbare Land südlich des Elbdeiches in drei sogenannte Meilen. Die Meile östlich der Este wurde zuletzt besiedelt, und man nannte das ältere Siedlungsgebiet "Altes Land".

Dieses von Ebbe und Flut in vielen Jahrtausenden aufgespülte Marschland liegt zwischen zwei Deichen. Außer dem hohen Elbdeich, in den an den Flußmündungen Sturmflut-Sperrwerke eingebaut sind, gibt es noch einen Hinterdeich, der das Land gegen einen bis zu drei km breiten Niederungsmoorstreifen abgrenzt.

Zwei Millionen Obstbäume wachsen im größten Obstbaugebiet Deutschlands. Die Nähe Hamburgs hat dazu geführt, daß im vorigen Jahrhundert die Bauern sich auf den Obstbau umstellten. Es gab und gibt immer noch Wasserwege, die direkt zu den Märkten in die Hamburger Innenstadt führen. So konnten früher druckempfindliches Obst unbeschädigt zum Verbraucher gebracht werden.

Heute sortieren und lagern die Bauern ihr Obst in klimatisierten Lagerhallen. Nach der Gründung der Europäischen Wirtschaftsgemeinschaft haben die Obstbauern des Alten Landes große Konkurrenz bekommen. Die Nähe zum Verbraucher ist nicht mehr so wichtig. Die Obstbauern haben häufig Schwierigkeiten, ihr Obst zu verkaufen.

Auf dem Deich

Einen kleinen Ausgleich hat der Fremdenverkehr dem Alten Land gebracht.

Immer mehr Menschen entdecken dieses schöne Gebiet, das nicht nur im Mai, wenn es in Milliarden weiße Blüten getaucht ist, vieles zu bieten hat. Besonders Radfahrer lockt es, auf einer Tagestour dieses eigenartige Land zwischen den Deichen zu entdecken.

Das Alte Land

Die "Geliebte des Windes"

Buxtehuder Ansichten

Eine Radtour durch das Alte Land

Die Stadtinformation im Zentrum von Buxtehude vermittelt gern die Fahrräder. Ihr verlaßt die schöne, wasserreiche Altstadt von Buxtehude. Natürlich kennt ihr das Märchen vom Wettlauf zwischen Hase und Igel, aber die Kleine Heide, auf der er stattgefunden haben soll, werdet ihr vergeblich suchen. Schon bald habt ihr nach dem ehemaligen Moor hinter dem Deich das Obstbaugebiet erreicht. An dem Flüßchen Este entlang kommt ihr nach Estebrügge. Vielleicht wird dort gerade die Drehbrücke hochgekurbelt, um ein Schiff durchzulassen.

Die Dörfer ziehen sich kilometerweit an der Straße entlang. Über Königreich kommt ihr schon bald an die ersten Häuser von Jork, den Mittelpunkt des Alten Landes.

Unterwegs seht ihr viele schöne Bauernhäuser, und hier in Jork häufen sie sich: weiße Fachwerkbalken, bunte Türen und rot-weiße Felder mit den verschiedensten Mustern, die von weitem wie gestrickt aussehen.

Jedes Gefach des Fachwerkgiebels hat eine andere Anordnung der Steine, manchmal könnt ihr Windmühlen oder sogenannte Hexenbesen erkennen.

Die Haustüren fallen besonders auf, denn sie haben keine Stufe und keine Klinke, natürlich auch keine Klingel. Diese Brauttüren öffnen sich dem Bewohner nur zweimal - zur Hochzeit und zur Beerdigung.

Eine Ausnahme könnte es nur zur Rettung bei einer Brandkatastrophe geben, denn hinter der Tür befindet sich die "Schatzkammer" mit all den wertvollen Möbeln und Kleidungsstücken, welche die Braut mit in die Ehe gebracht hat. Natürlich gibt es an einer anderen Seite des Hauses die Haustür für den täglichen Gebrauch.

Viele Häuser wurden in den letzten Jahren im Innern verändert, aber die Brauttüren sind noch bei manchen erhalten. Ebenso wie die Prunkpforten vor dem Haus sind sie nur im Alten Land zu finden.

Prunkpforten bestehen aus einem freistehenden hölzernen Tor, durch das der Erntewagen auf den Hof fahren kann. Daneben befindet sich eine Fußgängerpforte. Beide sind mit prächtigen Schnitzereien geschmückt.

Im Gräfenhof in Jork befindet sich in einem prächtigen ehemaligen Adelshof aus Fachwerk das Rathaus der Gemeinde. Dann geht es nach Borstel. Von weitem grüßt der freistehende hölzerne Glockenturm der Kirche. Auf dem Deich steht eine restaurierte Holländer Mühle. In Neuenschleuse erreicht ihr den Elbdeich. Es lohnt sich, hinaufzusteigen und den prächtigen Blick auf die Unterelbe zu genießen; Schiffe aus aller Herren Länder kommen vorbei. Viele Sportboote liegen im Yachthafen. In Steinkirchen solltet ihr euch die Hogendieksbrücke ansehen. Diese Hebebrücke erinnert wie vieles hier an Holland, denn die Holländer waren die ersten Siedler.

Das Wasser bestimmt überall das Gesicht dieses Landes. Nach einigen Kilometern blickt ihr wieder über den Deich. In der Elbe liegt die Insel Lühesand mit einem beliebten Zeltplatz.

In Hollern findet ihr eine Kirche mit mächtigem Rundturm, einem Wehrtum, der früher wegen seiner Art und Lage vor Feinden und vor Hochwasser Schutz bieten konnte. Die hohen Deiche, die den Bewohnern des Alten Landes heute auch bei Sturmfluten Sicherheit geben, wurden erst in unserem Jahrhundert erbaut.

Schließlich solltet ihr einmal bei Hein Noordt in Twielenfleth reinschauen. Finden könnt ihr ihn schnell, denn er ist der letzte Müller des Alten Landes in der ältesten Galerie-Holländer-Windmühle Niedersachsens. Gern führt er seine "Geliebte des Windes" vor, so heißt übersetzt der Name seiner Windmühle - Venti amica.

Nach 30 Kilometern habt ihr die alte Hansestadt Stade erreicht. Es führen noch andere schöne Wege durch die Obstgärten nach Buxtehude zurück. Ihr könnt den Ausgangspunkt aber auch mit der Bahn erreichen.

Jorker Bauernhaus

An der Unterelbe

Brauttür

Niedersachsen für Kinder und Kenner / Elbe-Weser-Dreieck

Von Cuxhaven nach Neuwerk

Hoch auf dem gelben Wagen

Mit der Postkutsche über den Meeresgrund

Martin hat Bronchialasthma. Seeluft täte ihm gut. Die Krankenkasse hat ihm einen Kuraufenthalt in Cuxhaven genehmigt. Er ist in einem Kinderheim in Duhnen untergebracht. Schon in den ersten fünf Tagen hat er viel von diesem größten deutschen Badeort gesehen.
Endlich findet er die Zeit, seinen Mitschülern von den ersten Erlebnissen in Cuxhaven zu berichten:

Liebe Mitschüler!
Nun bin ich schon fünf Tage in Cuxhaven. Mein schönstes Erlebnis war bisher die Fahrt über den Meeresgrund.
Ja, das gibt es hier: Bei Ebbe kann man die elf km entfernte Insel Neuwerk ohne Schiff erreichen. Man wandert zur Ebbezeit hin, läßt die Flut über das Watt kommen, und bei der nächsten Ebbe beginnt die Rückwanderung.
In jedem Jahr wird der Weg mit Pricken neu abgesteckt. Das sind eingegrabene Büsche, an denen sich der Wattwanderer orientieren kann. Trotzdem sollte man einen der erfahrenen Wattführer mitnehmen, denn es müssen drei Priele überquert werden. Das sind Vertiefungen, die auch zur Ebbezeit teilweise mit Wasser gefüllt sind und die sich häufig verändern.
2 1/2 Stunden hin und die gleiche Zeit zurück - das war für mich noch zu anstrengend. Deshalb sprach ich ja auch von einer Fahrt über den Meeresgrund.
Wir fuhren mit Karl-Heinz Bütt, das ist der eigenartigste Postfahrer in Deutschland. Seit 1880 versorgt seine Familie die Insel mit Briefen und Paketen. Sein Urgroßvater hat mit der Reichspost einen Vertrag abgeschlossen, der heute noch gilt. Der Wagen mit den hohen Holzrädern wird mit zwei Pferden bespannt. Acht Personen können mitfahren.

Nicht immer kann Karl-Heinz Bütt die Insel im Trockenen erreichen, manchmal gibt es nasse Füße, und die Pferde waten bis zum Bauch durch das Wasser.
Im Winter, wenn die Eisschollen den Weg blockieren, gibt es nur noch die "Reitende Post". Ein Inselbewohner reitet ihm dann meist entgegen, um mit ihm den Weg zu teilen. Ich habe mich auf der Insel mit ihren 40 Einwohnern ein wenig umgesehen. Ihr Wahrzeichen ist ein mächtiger Leuchtturm, den die Hamburger, die bis heute Besitzer der Insel sind, vor 700 Jahren als "dat nyge Werk" errichten ließen. Der Turm war gleichzeitig eine Festung und konnte ihre Handelsschiffe vor Piraten und übermütigen Raubrittern an der Küste schützen.
Heute ist dort in 39 m Höhe ein elektrisches Leuchtfeuer untergebracht, das 18 Seemeilen in die Nacht hinausstrahlt und den Schiffen den sicheren Weg zeigt. Im Sommer leben die wenigen Inselbewohner vom Fremdenverkehr. Im Winter muß es dort wohl sehr einsam sein! Wenn ich mich gut erholt habe, mache ich vielleicht noch eine Wattwanderung nach Neuwerk. Dann fahre ich aber bei Flut mit dem Schiff zurück nach Cuxhaven.
Viele Grüße
Euer Martin

Mit der Post durchs Watt

Niedersachsen für Kinder und Kenner / Elbe-Weser-Dreieck

Bederkesa und Stade

Auf- und Niedergang einer Burg

1159	Erste Nennung eines Ritters: Marcwardus de Bederekesa	1759	Verwaltungssitz des Amtes Bederkesa bis 1859
um 1200	Ausbau zum Dauerwohnsitz für die Ritter von Bederkesa als erzbischöfliche Kämmerer	1879	Verkauf an einen Privatmann, bis 1975 werden es 13 verschiedene Eigentümer. Neben der Hauptnutzung als Gastwirtschaft und Hotel war sie Musterungslokal, Turnhalle, Schlammbad, Jugendheim, Kino, Tanzschule, Parteizentrale, Kaserne, Flüchtlingsunterkunft, Diskothek
1421	Aussterben der Ritterfamilie, Ausbau der Burg durch die Stadt Bremen		
1654	Eroberung der Burg durch die Schweden		
1735	Verkauf der Burg an das Kurfürstentum Hannover	1975	Kauf durch den Landkreis Wesermünde,

"Diese Ruine kann man doch nur noch abreißen!"- so meinten vor einigen Jahren viele Einheimische und Besucher des Luftkurortes Bederkesa.
Aber nicht alle wollten sich mit dem Abriß zufriedengeben. Schließlich gab es hier schon vor 800 Jahren eine Wasserburg, in deren Schutz der Ort entstand. Die Ritter von Bederkesa hatten für ihren Landesherrenr, den Erzbischof von Bremen, die nördlichen Gebiete seines Erzbistums zu verteidigen. Auf der künstlichen Insel im Ufergebiet des Sees hatten sie zuerst eine hölzerne Befestigung aufgebaut, später eine richtige Burg mit Turm und Rittersaal.
Als der letzte Besitzer 1972 ein Hochhaus auf die Burginsel bauen wollte, gab es heftige Diskussionen in der Bevölkerung. Viele Einwohner wollten "ihre Burg" behalten, die 800 Jahre lang zu ihrer Gemeinde gehört hatte.
Aber wer sollte die hohen Kosten für die Restaurierung eines so verfallenen Gebäudes übernehmen?
Schließlich entschieden sich die Mitglieder des Kreistages im Landkreis Wesermünde (er ist heute ein Teil des Kreises Cuxhaven) im Jahr 1975, die Ruine zu kaufen und die Burg wiederherzustellen.
Es war das Europäische Denkmalschutzjahr, überall wollte man eine "Zukunft für unsere Vergangenheit" ermöglichen. Einwohner schlossen sich zur "Burggesellschaft Bederkesa" zusammen, um mit Ratschlägen und Geldmitteln dieses Vorhaben zu unterstützen.
Die Bauherren entschieden sich für eine "historische Lösung" des Wiederaufbaus, das heißt: eine Wiederherstellung der gesamten Burganlagen.

Alte Bilder der Burg zeigten noch, wie sie ungefähr um 1600 ausgesehen hatte. Doch erst die Ausgrabungen auf dem Burggelände halfen, die fehlenden Teile so wiederherzustellen, wie sie früher wirklich waren.
So wurde ein längst verschwundener Flügel der Burg wiedererrichtet, der Brunnen gefunden und mit einem Aufbau versehen. Der Turmstumpf, unter dem das Verlies entdeckt wurde, wurde wieder aufgebaut. Auch das Burggelände erhielt sein ursprüngliches Aussehen mit Wall und Graben.
Die abbruchreife Ruine hatte in wenigen Jahren das Aussehen der Wasserburg zurückerhalten.
Man wird sicher fragen: Was macht man mit einer schön erneuerten Burg, wenn es keine Ritter mehr gibt, die darin wohnen können?
Diese wichtige Frage ist bei vielen alten Gebäuden nicht gelöst. Aber für die Burg Bederkesa hatte man schon vor dem Wiederaufbau ein Nutzungsprogramm aufgestellt. Sie sollte auf jeden Fall allen zugänglich sein.
Heute ist die Burg ein zentrales Museum für die Vor- und Frühgeschichte des Elbe-Weser-Dreiecks. Diese Gegend gehört zu den fundreichsten Gebieten in ganz Nordwesteuropa. "Vom Faustkeil zum Wikingerschwert" ist das Thema der ständigen Ausstellung. Für große und kleine Veranstaltungen stehen der Festsaal der Burg und Räume in den alten Kellergewölben zur Verfügung. Der mächtige "Hohe Saal" im wiederaufgebauten Nordflügel der Burg zeigt wechselnde Ausstellungen.
Auch eine Gaststätte gibt es auf der Burgruine.

Stade und die Schweden

Alle zwei Jahre feiert Stade die Schwedenwoche. Da ist etwas los rund um den alten Hafen, dem mächtigen Schwedenspeicher und in der übrigen Altstadt.
"Aber was hat Stade mit den Schweden zu tun?" fragen viele Fremde, die in die gemütliche Altstadt kommen.
Stade war schon vor Jahrhunderten eine bedeutende Hafen- und Handelsstadt an der Mündung der Schwinge in die Elbe. Waren aus dem ganzen norddeutschen Raum wurden hier auf Schiffe verladen oder auf der Fähre über die Elbe gebracht: Salz aus Lüneburg, Blei aus dem Harz und Getreide aus den Geestgebieten.
Als die Schwingemündung verschlickte und die Elbe ihren Lauf weiter nach Norden verlegte, überflügelte Hamburg Stade, das nun von den großen Seeschiffen nicht mehr erreicht werden konnte.
Um 1600 war Stade eine unbedeutende Landstadt geworden. Doch dann brachte ein Ereignis große Veränderungen.
Der Dreißigjährige Krieg (1618 - 48), der als Glaubenskrieg zwischen evangelischen und katholischen Fürsten begonnen hatte, wurde zu einem Krieg um die Macht in Europa. Die Schweden gehörten zu den Siegern, denen im Westfälischen Frieden das Gebiet zwischen Elb- und Wesermündung als Kriegsentschädigung zugesprochen wurde. Sie machten Stade zur Hauptstadt dieses Gebietes. Die 4000 Einwohner mußten 1000 Soldaten mit Frauen und Kindern unterbringen, später sogar 3500.
Dann traf die Stadt ein neues Unglück: 1659 brach in einem Nachbardorf ein Großbrand aus. Der Südwestwind trieb das Feuer über Gräben und Wälle, und zwei Drittel der Stader Altstadt versank in Schutt und Asche. Aber die Schweden bauten ihre Hauptstadt schnell wieder auf. Sie machten Stade zur stärksten Festung des ganzen Gebietes, die als uneinnehmbar galt.
Der "Schwedenspeicher" war ein großes Vorratshaus mit einer Grundfläche von 656 qm für die Verpflegung der Soldaten, während in dem gleich großen Zeughaus Waffen und Uniformen untergebracht waren.
Aber, womit die Schweden nicht gerechnet hatten, das trat 1712 ein: Stade wurde von den Dänen erobert, die es drei Jahre später an Hannover verkauften. Das große schwedische Wappen mit dem kleinen Stadtwappen von Stade erinnert wie viele alte Gebäude an die Zeit der Fremdherrschaft.

Vor dem Schwedenspeicher

Nicht nur Vergangenheit in Stade

Nach 1970 kam der große Aufschwung in Stade. Nach der Eingemeindung der umliegenden Orte hat die Stadt wieder Zugang zum seeschifftiefen Fahrwasser der Elbe. Dort begann die Industrialisierung der Stadt. Großkraftwerk, Chemie- und Aluminiumwerk boten über 2500 Arbeitsplätze. Die Steuereinnahmen halfen mit, Stades Altstadt großzügig zu sanieren. Sie zeigt sich wie ein Bilderbuch aus der Vergangenheit. Der große Schwedenspeicher ist zu einem modernen Museum umgestaltet worden, das über die Geschichte der Stadt informiert. Das Zeughaus bietet Film- und Theateraufführungen an. Fast die gesamte Altstadt ist heute Fußgängerbereich, deren historische Gebäude meist als Einzelhandelsgeschäfte genutzt werden. In der Hökerstraße "verhökert" man heute noch. Ein besonders schönes Beispiel dafür ist das "Hökerhaus", ein Kaufmannshaus, das den großen Brand von 1659 überstanden hat. Die alten Mauern nehmen heute eine moderne Ladenpassage auf.
Die großen Industriebetriebe an der Elbe haben mitgeholfen, eine beispielhafte Stadtsanierung zu ermöglichen. Aber sie bringen auch starke Umweltbelastungen, gegen die häufig protestiert wird.

Kunst in Worpswede

Künstler entdecken die Einsamkeit der Natur

"Obgleich wir uns mitten in der schönsten Jahreszeit befanden, in welcher Alles umher, was nicht Moor war, grünte und blühte, und in der alle Gebüsche der Haide vom Gesange der Vögel erklangen, so war doch auf diesem Moor-Plateau Alles todt und öde, wie im tieffsten Winter. Vögel gab es da nicht, weil kein Gebüsch und keine Gelegenheit zum Nestbau vorhanden ist. Kein Fisch bewegte sich in den im Morast gebannten Gewässern. Selbst Fuchs und Hase können in diesem Sumpf nicht leben. Obgleich die Sonne lieblich strahlte, wandelten wir auf tiefen glitschigen Morastwegen wie im trüben November. Die Oberfläche war überall mit verschiedenen Sorten schmieriger und schwammiger Moose bewachsen. Wir konnten uns einbilden, es wäre ein riesiger, verfaulter, auf der Erde hingestreckter Baumstamm, auf deren abgestorbener Rinde wir wie kleine Käfer kröchen ..."

So beschrieb der Reiseschriftsteller J. G. Kohl im Jahre 1864 die Landschaft des Teufelsmoores nördlich von Bremen. In ein kleines Dorf namens Worpswede, das mitten in diesem einsamen Gebiet lag, kam zufällig im Jahre 1884 als Besucher der Düsseldorfer Kunststudent Fritz Mackensen. Er sah dort mehr als der Reiseschriftsteller Kohl einige Jahre vorher. Die wechselnden Stimmungen der Landschaft regten ihn zum Malen an.

Er brachte in den nächsten Jahren seine Studienkollegen mit nach Worpswede. In seinem Tagebuch von 1889 lesen wir, was ihm hier gefiel:

"Bleiben auf der Brücke, die dort über den Kanal führt, stehen, nach allen Seiten die köstlichsten Bilder. Wie wäre es, wenn wir überhaupt hier blieben, zunächst mal sicher bis zum letzten Tage des Herbstes, ja den ganzen Winter.

Wir werden Feuer und Flamme, fort mit den Akademien, nieder mit den Professoren und Lehrern. Die Natur ist unsere Lehrerin, danach müssen wir handeln. Ja, das war ein denkwürdiger Tag.

Mit einem Male hörte das beständige Schwanken und Plänemachen auf. Worpswede war uns in der Zeit, ohne daß wir es eigentlich wußten, so nahe gerückt, daß eine Trennung fast unmöglich war. Sofort schrieb ich nach Hause: Die Gegend wird immer großartiger, ich will noch eine Zeitlang bleiben."

Die ersten Künstler blieben hier, und weitere folgten ihnen: Sie wollten heraus aus der Enge der Großstädte, hin zu der ursprünglichen Landschaft.

Paula Modersohn-Becker: Mädchen mit trinkendem Kind, 1906

Erst nach ihrem Tode anerkannt

Paula Becker spürte schon als Kind ihre Begabung als Malerin. Sie nahm Zeichenunterricht und durfte Kunstschulen besuchen. Aber ihre Eltern wollten, daß sie Lehrerin wird, und schickten sie auf ein Lehrerseminar. Sie fühlte sich jedoch viel mehr zu der Worpsweder Malervereinigung hingezogen und ließ sich dort von Fritz Mackensen weiter ausbilden.
Doch ihre Bilder fanden keine Anerkennung, weil sie als Frau nicht ernstgenommen wurde. Nur ihr Mann, der Maler Otto Modersohn, erkannte ihre Einzigartigkeit, mit der sie besonders die Kinder aus den Moordörfern darstellen konnte. Gemeinsam mit ihm zeigte sie ihre Werke in einer Ausstellung der Bremer Kunsthalle, wurde aber kaum beachtet. Bereits ein Jahr später starb Paula Modersohn-Becker nach der Geburt ihres ersten Kindes im Alter von 31 Jahren. Heute gehört sie zu den bekanntesten deutschen Malerinnen. Viele Museen sind stolz darauf, Bilder von ihr zu besitzen.

Worpswede heute

Worpswede ist immer noch ein Dorf der Kunst. Auch die Fremden haben es längst entdeckt. An den Wochenenden, besonders im Sommer, ist in Worpswede viel los. Wer dieses einmalige Dorf besucht, sollte außerhalb der Reisezeit kommen. Dann kann er die Naturlandschaft des Teufelsmoores noch fast so erleben wie die ersten Künstler, die sich vor 100 Jahren hier niederließen.
Es gibt immer noch viele Künstler in Worpswede. Seit 1972 werden junge, begabte Leute im Barkenhoff gefördert, wo sie als Stipendiaten wohnen und arbeiten können. Nicht nur Maler betreiben ihre Kunst in Worpswede, auch Bildhauer, Töpfer, Gold- und Silberschmiede, Landschaftsfotografen und sogar Musiker, Schriftsteller und Schauspieler haben sich hier niedergelassen.
Es gibt wohl kein Dorf in ganz Niedersachsen, das so viele Museen und Galerien besitzt wie Worpswede. 22 werden im Fremdenführer aufgezählt. Nicht alle Gebäude sind als Galerien mit Ausstellungsräumen eingerichtet worden. Große Kunstsammlungen können wir auch in alten Bauernhäusern oder in der ehemaligen Molkerei finden. Die Bilder der alten Worpsweder Meister sind in der großen Kunsthalle ausgestellt.
Gleich daneben finden wir das bekannteste Gebäude des Ortes: das Cafe Worpswede, das der Architekt und Bildhauer Bernhard Hoetger 1924 - 27 errichtet hat. Bekannter ist es unter dem Namen "Cafe verrückt", denn so haben es die Worpsweder schon vor 60 Jahren genannt. Dieses Gebäude hat keine gerade Wand; die einzelnen Räume, Wände und Decken gehen ineinander über. Der Künstler wollte Leben und Bewegung in den Bau bringen. Nicht nur das "verrückte Cafe", auch der Worpsweder Bahnhof ist eine der "Kunstgaststätten", die dem Besucher das Einmalige dieses niedersächsischen Dorfes näherbringen können.

Der Barkenhoff in Worpswede

Die Lüneburger Heide und das Wendland

Gibt es die Lüneburger Heide noch?

Wenn weiter entfernt wohnende Leute "Lüneburger Heide" hören, verbinden sie damit das Bild einer Landschaft mit weiten Heideflächen, von Birken gesäumten einsamen Wegen, Schuckenherden, Wanderimkern und Pferdekutschen. Das war einmal - die Wirklichkeit sieht anders aus. Fichten- und Kiefernwälder bedecken den größten Teil der Fläche, nur in Naturschutzgebieten gibt es noch jene Lüneburger Heide, wie sie der Heidedichter Hermann Löns beschrieben hat. Trotzdem ist das Gebiet keine eintönige Landschaft. Waldgebiete wechseln mit Rodungsinseln, wo Landwirtschaft betrieben wird und Urlauber sich erholen können.

Abseits

Es ist so still; die Heide liegt
   Im warmen Mittagssonnenstrahle,
   Ein rosenroter Schimmer fliegt
   Um ihre alten Gräbermale;
   Die Kräuter blühn; der Heideduft
   Steigt in die blaue Sommerluft.
Laufkäfer hasten durchs Gesträuch
   In ihren goldnen Panzerröckchen,
   Die Bienen hängen Zweig um Zweig

Sich an der Edelheide Glöckchen,
   Die Vögel schwirren aus dem Kraut –
   Die Luft ist voller Lerchenlaut.
Ein halbverfallen niedrig Haus
   Steht einsam hier und sonnbeschienen;
   Der Kätner lehnt zur Tür hinaus,
   Behaglich blinzelnd nach den Bienen;
   Sein Junge auf dem Stein davor
   Schnitzt Pfeifen sich aus Kälberrohr.

Kaum zittert durch die Mittagsruh
   Ein Schlag der Dorfuhr, der entfernten,
   Dem Alten fällt die Wimper zu.
   Er träumt von seinen Honigernten
   – Kein Klang der aufgeregten Zeit
   Drang noch in diese Einsamkeit.

(Theodor Storm)

Ein Fahrstuhl für Schiffe

Das Fahrgastschiff nähert sich einer Stelle auf dem Elbe-Seitenkanal, an der 38 m Höhenunterschied zu überwinden sind, eine "Bergtour" steht bevor.

Das Hebewerk Scharnebeck kommt in Sicht. Das Schiff muß gehoben werden. Der Kapitän kündigt seinen Fahrgästen den Vorgang als Fahrstuhlfahren an.

Die Fahrstuhlkabinen sind zwei Stahltröge, in die Schiffe bis zu 100 m Länge und 11,40 m Breite hineinpassen, also kein Problem für das Fahrgastschiff. Über das sogenannte Unterhaupt fährt das Schiff in die "Kabine" ein. Automatisch schließen sich die Trogtore. Das Wasser kann nicht aus dem Trog in den Kanal abfließen.

Mit einer Geschwindigkeit von 14,4 m in der Minute geht es aufwärts. Die ganze Fahrt dauert nicht länger als 2 1/2 Minuten. Durch ein Gegengewicht wird der Trog mit Inhalt nach oben gezogen.

Oben angekommen, öffnen sich die Trogtore, und das Schiff gleitet durch das sogenannte Oberhaupt wieder hinaus in den Kanal. Der "Berg" ist überwunden, und das in wenigen Minuten.

In der Ferne grüßen schon die Türme von Lüneburg.

Später, bei Bad Bevensen, steht noch ein besonderes Erlebnis bevor: Der Elbe-Seiten-Kanal überquert mit seinen zwei Kanalbrücken eine Flußschleife des Flüßchens Ilmenau.

Ein Frachtkahn im Schiffshebewerk am Elbe-Seitenkanal

Weißes Gold in Lüneburg

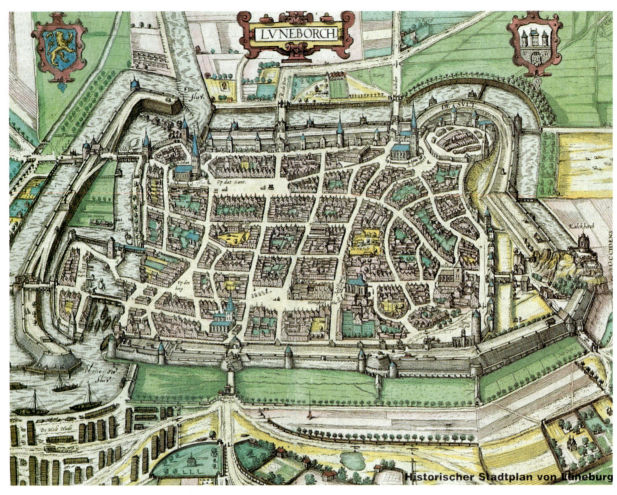

Historischer Stadtplan von Lüneburg

Salz prägte das Stadtbild von Lüneburg

Im Mittelalter war Salz fast so kostbar wie Gold. Schon vor über 1000 Jahren holte man die Sole, stark salzhaltiges Wasser, aus dem Untergrund der Stadt und verdampfte sie in Sudpfannen, bis das Salz übrigblieb. Salz aus Lüneburg gelangte über die Flüsse und Kanäle und auf dem Landweg über die alte Salzstraße nach Hamburg und Lübeck und wurde von dort aus nach England, nach Norwegen und Schweden und bis nach Nowgorod in Rußland verschifft.
Etwa fünf Jahrhunderte hatte Lüneburg das Monopol der Salzherstellung in Norddeutschland, die Böttcher und "Sülfmeister" - das waren die Bürger, die die Sudpfannen betrieben - wurden sehr reich. Prächtige Häuser und Speicher aus dieser Zeit sind noch heute zu sehen wie auch krumme und schiefe Häuser, in in einem Teil der Altstadt unter der Sole gebaut waren und im Lauf der Zeit absackten.

Typische Treppengiebel in Lüneburg

Lüneburger Rathaus

Eine Wildsau wies den Weg zum Salz

Die Lüneburger Salzsau

Eine alte Sage erzählt uns, wie die Lüneburger Salzquelle entdeckt wurde:

Vor mehr als tausend Jahren bedeckten unermeßliche Wälder das Lüneburger Land. Der Sage nach folgten Jäger der Spur eines Wildschweins durch Sümpfe und Brüche im Tal der Ilmenau. Wie staunten die Jäger, als sie bald an einem sonnigen Hang eine mächtige Wildsau schlafend fanden.

Das Tier war nicht schwarz, sondern hatte schneeweiße Borsten!

Als sie mit der Hand durch die Borsten des erlegten Tieres strichen, merkten sie, daß Salzkörnchen an ihnen klebten, so dicht, als wäre das Tier mit weißen Borsten bedeckt. Sie verfolgten die Fährte rückwärts bis zu einem Tümpel, in dem das Schwein gesuhlt hatte. Das Wasser des Sumpfes war von salzigem Geschmack. Nun konnte man sich die weißen Borsten erklären.

So zeigte eine wilde Sau den Lüneburgern die Quelle unermeßlichen Reichtums. Aus der Sole der Saline wurde Salz gesotten.

Trotzdem wurde die Salzsau nicht das Wappentier der Stadt. (nach Heinrich Karsten)

Das "Tor zur Unterwelt" (Senkungsschaden)

Kur in Bad Bevensen

Erholung und Heilung in Bad Bevensen

Zwei Kurgäste unterhalten sich

Gert P.: Das tut gut, sich jetzt auszuruhen, strengt doch an, das Bad in der Salzsole. Ich wollte es dem Kurarzt gar nicht glauben, als er anordnete, nicht länger als 15 Minuten zu schwimmen, weil es so anstrengend sei. Wo mir doch sonst eine halbe Stunde gar nichts ausmacht.

Cord H.: Weißt Du eigentlich, daß Du es mir mit zu verdanken hast, wenn Du jetzt hier kuren kannst?

Gert P.: Du bist vielleicht ein Witzbold, oder bist Du der heimliche Kurdirektor?

Cord H.: Schön wär's! Aber im Ernst, so ein bißchen beteiligt war ich schon dran. Damals, es muß so um 1963 gewesen sein, gehörte ich zu einem Bohrtrupp, der überall in der Heide Probebohrungen nach Erdöl niederbrachte. Harte Arbeit, kann ich Dir sagen, aber guter Verdienst. An den Tag in Bevensen erinnere ich mich noch ziemlich genau.

Gert P.: Du meinst Bad Bevensen!

Cord H.: Damals war noch nichts mit Bad. Das alles hier war noch Wiesen und Wald. Im Ort selbst noch keine großen Geschäfte wie heute, sondern kleine Läden und Handwerksbetriebe - kurz, ein verschlafenes Nest, wo sich Fuchs und Hase Gute Nacht sagten. Wir waren ungefähr 2800 m tief, als plötzlich eine Fontäne nach oben schoß. Doch Fehlmeldung, wie so häufig in dieser Gegend, kein Tropfen Öl! Wir begannen abzubauen, da fiel uns der weißliche Belag an unseren Geräten auf. Später untersuchten Fachleute den Belag genauer. Wir hatten nach "schwarzem Gold" gesucht und "weißes" gefunden. Eine Jod-Sole-Quelle hatten wir angebohrt. Das war die Geburtsstunde von Bad Bevensen.

Gert P.: Dann hast Du versehentlich ein gutes Werk getan. Jedenfalls mir bekommen Bäder und Massagen gut. Dazu die herrlichen Wandermöglichkeiten in den Wäldern ringsum und am Kanal entlang. Leider ist die Zeit bald um.

Seite 54 / Nr. 267 / Jahrgang 17 / Einzelpreis 50 Pf

Hamburger Abendblatt

Nach der Entdeckung der Thermal-Quelle:

In Bevensen herrscht „Goldrausch"-Stimmung

Auf dem Wege zum Heilbad / Bau von Kliniken geplant

Eigener Bericht   cr. Bevensen, 14. November

Bevensen, das gemütliche 7000-Einwohner-Städtchen im Kreis Uelzen, hat als Luftkurort einen guten Namen. Seit ein paar Wochen aber ist es auf dem direkten Wege zum Ruhm. Den Bürgern schwindelt bei dem Gedanken daran, was alles auf sie zukommt: Seit jenem Tag, da drei Kilometer vor der Stadt eine Thermalquelle mit über 50 Atmosphären Druck und 60 Grad Celsius aus der Erde schießt. Im Geiste liest man bereits das Wörtchen „Heilbad" auf dem Ortsschild. Denn was Experten über diese Quelle sagen, berechtigt zu kühnen Träumen.

Auf Wandertour

Kurgäste der Kliniken, Sanatorien und Pensionen nutzen gern die guten Wandermöglichkeiten durch Nadel- und Mischwälder der näheren Umgebung des Kurortes.

Rundwanderwege für kleinere und größere Touren sind mit Hinweistafeln ausgewiesen und natürlich auch in Wanderkarten eingezeichnet. Doch mit der Ausgabe 1960 kann der Wanderer sich schnell auf dem "Holzweg" befinden, der plötzlich an der Kanalböschung endet; denn als die Karte gezeichnet wurde, gab es den Kanal noch nicht.

Fast zur selben Zeit, als sich der Kurort nach allen Seiten erweiterte, wurde auch das Kanalbett ausgehoben. Die ganze Gegend war eine einzige Baustelle.

Es wäre viel zu teuer geworden, für jeden Weg eine Brücke zu bauen, deshalb wurden mehrere Wege und Straßen so verlegt, daß sie über eine Brücke geführt werden konnten.

Früher war die Umgebung Bad Bevensens arm an Gewässern. Nur die Ilmenau durchfloß das Gebiet. Jetzt zieht sich die Kanaltrasse wie ein blaues Band durch die Landschaft.

Frachtkahn auf dem Elbe-Seiten-Kanal

Der Kanal überquert die Ilmenau

Mit dem Planwagen unterwegs

Niedersachsen für Kinder und Kenner / Lüneburger Heide

Heidekraut und Heidschnucken

Wacholderhain

Kulturlandschaft Lüneburger Heide

Der ganzen Landschaft von Harburg im Norden bis Celle im Süden drückte das Lüneburger Salz seinen Stempel auf. Bis auf wenige Rodungsinseln bedeckten Eichen- und Buchenwälder ursprünglich das Gebiet.
Sie lieferten das Brennmaterial für die Sudpfannen in Lüneburg, aber auch das Bauholz für die Schiffe der Hanse. So fraßen sich die Kahlschläge nach beiden Richtungen in die Landschaft. Ans Aufforsten dachte niemand. Der Regen wusch den Humus der oberen Bodenschichten aus. Zurück blieb der sogenannten Bleichsand.
Besenheide bedeckte bald den mageren Boden und bot den genügsamen Heidschnuckenherden karge Nahrung. Durch den Verbiß konnte sich das Heidekraut, auch Erikaheide genannt, verjüngen.
Dort, wo Heide wuchs, bildete sich in geringer Tiefe die harte sogenannte Ortsteinschicht, für Baumwurzeln undurchdringlich. Was die Schafe an nachwachsenden Bäumen und Sträuchern nicht kurzhielten, verkümmerte, weil die Ortsteinschicht den Wurzeln Einhalt gebot.

So wurde durch den Raubbau am Wald aus dem Waldland ein Heideland.
Die Heide ist also keine natürlich Landschaft, sondern durch den Eingriff des Menschen entstanden.
Als dann die Schafzucht unrentabel wurde, ging man daran, die Flächen wieder aufzuforsten. Doch auf dem entstandenen kargen Boden konnten meistens nur noch anspruchslose Nadelbaumarten wie Fichte und Kiefer gedeihen, nachdem die Ortsteinschicht zerstört worden war. So ist auch der heutige Nadelwald der Lüneburger Heide eine Kulturlandschaft, und wie sich in den letzten 15 Jahren zeigte, besonders gefährdet durch Naturkatastrophen.
Die Heidelandschaft, einst durch Eingriffe des Menschen entstanden, besteht nur noch in Landschaftsschutzgebieten, wo sie durch Beweidung von Schnuckenherden erhalten werden kann. Dort findet der Heidebesucher auch noch gelegentlich Bienenzäune, wo Wanderimker ihre Bienenstöcke während der Heideblüte im Spätsommer und Herbst aufstellen.

Die Heidschnuckenherde...

... und ihr Schäfer

Bienenkörbe

Heidschnucken von nah besehen

Besucher: Darf ich den Hund streicheln?
Schäfer: Besser nicht! Das ist kein Schoßhund, sondern mein treuer Helfer, der dafür sorgt, daß die Herde zusammenbleibt. Sehen sie, wie die beiden Hunde die Herde umkreisen? (zu zwei kleinen Kindern) Paßt auf, daß sie Euch nicht als Schäfchen dazuzählen!

Besucher: Können die Tiere denn von dem harten Kraut, das ja z.T. verholzt ist, überhaupt existieren?
Schäfer: Wie das Heidekraut die Schafe braucht, so ist es auch umgekehrt. Heidschnucken sind sehr genügsam, und wenn das Heidekraut nicht gerade abtrocknet, reicht ihnen das schon. Als Nachtisch bedienen sie sich bei den kleinen Birken. Die werden nicht hoch und können deshalb nicht das Heidekraut niederdrücken.

Besucher: Daß Heidschnucken das Heidekraut brauchen, versteh ich, - aber das Heidekraut die Heidschnucken?
Schäfer: Wenn die Schnucken nicht immer die jungen Triebe abfressen würden, würde die Pflanze ganz verholzen und nicht neu ausschießen, geschweige denn blühen. Wo es keine Schnuckenherden mehr gibt, weil sich die Arbeit nicht lohnt, muß man die Heide mähen, aber so gut wie meine Schnucken kann es keine Maschine (Er bückt sich und verweist auf eine mit Spinnweben bedeckte Erikapflanze.) Hier sehen Sie die Bienenfallen. Wenn die Herde durchgezogen ist, warten die Spinnen vergeblich auf ihre Beute.

Lautes Knallen in rascher Folge, wie Gewitterdonner, setzt plötzlich ein. Die Besucher zucken zusammen.
Schäfer: Nicht erschrecken! Ich nehme das kaum noch wahr. Das wiederholt sich mehrmals am Tage.
Nicht weit von hier liegen große Truppenübungsplätze. Das ist ein Sperrgebiet bis hin nach Munster, denn da wird scharf geschossen.

Als Wald und Heide brannten

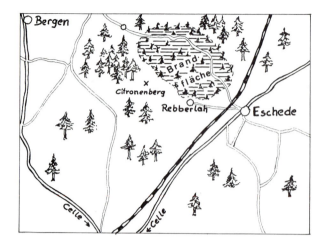

Der große Brand

Die Herbststürme des Jahres 1972 hatten in dem Waldgebiet zwischen Celle und Lüneburg Bäume wie Streichhölzer geknickt oder entwurzelt. Die brauchbaren Stämme hatte man entästet, geschält und zum Teil abgefahren. Äste und dünne Stämme blieben liegen und trockneten aus. Ein Feuer konnte reichlich Nahrung finden. Immer wieder wurde vor erhöhter Waldbrandgefahr gewarnt.
Dann kamen die trockenen Sommer von 1974 und 1975. Eine Zigarettenkippe, achtlos fortgeworfen, konnte schon eine Brandkatastrophe auslösen.
Geklärt wurde nie, wie der Waldbrand tatsächlich entstanden ist, der im Sommer 1975 in der Südheide wütete. Jedenfalls standen in wenigen Stunden viele Hektar Wald in Flammen. Nahrung fand das Feuer reichlich.
Wasser zum Löschen war nicht genügend vorhanden. Selbst breite Schneisen und tiefe Gräben konnten das Feuer nicht aufhalten. Einzelne Gehöfte und ganze Ortsteile in der Nähe der Wälder mußten geräumt werden. Tragisch endete der Einsatz eines Feuerwehrtrupps in dem Waldbrandgebiet nördlich von Meinersen. Plötzlich waren die Feuerwehrleute von den Flammen eingeschlossen. Zu fliehen war unmöglich. Sie erstickten in dem Flammenmeer. Ein Gedenkstein erinnert an den Tod der Männer. Die Asche des verbrannten Holzes trug der Wind noch viele Kilometer weit. Brandgeruch drang bis in entfernte Gebiete. Noch wochenlang schwelte der Brand weiter. Feuerwachen mußten immer wieder die Feuerwehren alarmieren, damit nicht die noch verschonten Bestände ein Raub der Flammen wurden.

Ein Brief von Lars

Liebe Eltern! Lieber Jörg! Nichts von wegen, der Lars ist schreibfaul. Und nicht nur eine Ansichtskarte - sogar ein Brief! Ich muß es loswerden, bevor ich Wichtiges vergesse.
Hebt den Brief gut auf, vielleicht gut zu gebrauchen für einen Bericht als Schulzeitungsreporter oder zum Aufsatzthema "Mein schönstes Ferienerlebnis!" Nein - schön gerade nicht, aber aufregend!
Ihr wißt, Autos sind mein Hobby. Hier tauchen Typen auf, sage ich Euch. - Schaulustige aus Hamburg. Die schob die Polizei aber gleich ab. Und Feuerwehren! Wenn man sich nur die Autonummern der Feuerwehrfahrzeuge anschaut, bis aus Recklinghausen und Kassel. Genau weiß ich auch nicht, wo das liegt. Werde es mir später auf der Karte anschauen. Jetzt habe ich Wichtigeres zu tun.
Im Augenblick werden riesige Schaufelbagger antransportiert. Sie sollen Gräben ausheben, wo gestern im Wald eine breite Schneise geschlagen wurde, damit das Feuer sich nicht weiterfressen kann. Ich habe Aufnahmen gemacht. Ich durfte ja nicht so nah 'ran, weil der Feuersturm noch bei hundert oder mehr Metern Entfernung einem die Haare versengt. Aber unter den Feuerwehrleuten habe ich einen prima Kumpel gefunden. Der hat für mich geknipst. Das Tollste konnten wir gestern beobachten: Wasserbomber. Das sind französische Flugzeuge, die riesige Plastikbehälter mit Wasser über den gefährlichsten Feuerstellen platzen lassen und so das Feuer vernichten.
Erst jetzt begreife ich, was das mit den Versuchen zur Brandbekämpfung in der Schule auf sich hat. Brennstoffentzug, Feuer ersticken, Abkühlen des Brennmaterials unter die Entzündungstemperatur! Hier ist das alles zu beobachten!
Es grüßt Euch herzlich Euer Lars

Ein „Wasserbomber" über dem Waldbrandgebiet in Knesebeck: Zwölf Tonnen Wasser kann jedes der beiden Bundeswehrflugzeuge mitführen. Am Dienstag und Mittwoch hatten die Flugzeuge im Landkreis Gifhorn ihre erste Bewährungsprobe, die sie mit Erfolg bestanden.
Foto: David Taylor

Bundeswehr-„Wasserbomber" verhinderten Katastrophe
Der Waldbrand bei Knesebeck ist nahezu gelöscht

GIFHORN/WOLFSBURG (lz/We) Am Mittwochabend um 18 Uhr wurde der Katastrophenalarm im Landkreis Gifhorn beendet: Bis auf vereinzelte kleine „Brandnester" ist der große Waldbrand bei Knesebeck gelöscht, der seit Dienstag mittag auf einer Fläche von rund 20 Quadratkilometern tobte und nach ersten Schätzungen rund 600 Hektar Wald im Wert von mehr als zwei Millionen Mark vernichtet hat.

An der Bekämpfung des Brandes waren bis zu 1500 Feuerwehrmänner und Bundeswehrsoldaten beteiligt, die ein Übergreifen der Flammen auf Wohnhäuser verhinderten. Lediglich 60 Bewohner einer Feriensiedlung mußten für einige Stunden evakuiert werden.

Als besonders erfolgreich wird der Einsatz von zwei zu „Wasserbombern" umgerüsteten Bundeswehrflugzeugen von Typ Transall gewertet, die jeweils zwölf Tonnen Wasser transportieren können und nach Meinung des Brandschutzreferenten im hannoverschen Innenministerium, Hans-Joachim Thomas, eine Katastrophe verhindert haben.

Die Kriminalpolizei ermittelt unter anderem wegen fahrlässiger Brandstiftung. Möglicherweise entstand das Feuer durch Funkenflug aus einem Bitumenofen auf dem Prüfgelände des Volkswagenwerkes. Dort hatte ein Testfahrer am Dienstag um 14 Uhr als erster den Brand bemerkt und die Brandmeldung per Funk weitergeleitet.

Das Volkswagenwerk hat einen eigenen Löschzug auf dem Gelände, außerdem ist der Kiefernwald von Brandschutzschneisen durchzogen und hat mehrere Feuerlöschteiche. Allerdings hatte der Wind das Feuer rasch vom VW-Gelände auf die Waldgebiete um den Ort Knesebeck getrieben, dessen Evakuierung zeitweilig erwogen worden war. (Weitere Berichte im Innern.)

Aus dem Tagebuch von Lars

Zwei Jahre ist es nun her seit dem großen Brand. Als ich heute an der Stelle stand, wo damals das Feuer wütete, war alles wieder lebendig - wie damals.
Und wie sieht es heute aus. Wo vor zwei Jahren nur dunkle Asche das Gebiet bedeckte, blüht und grünt es schon wieder. Hauptsächlich blüht es und zwar rosa. Ich habe mir sagen lassen: Das ist das Weidenröschen, eine Pflanze, die sich sonst auch oft auf Kahlschlägen breitmacht, d.h. da, wo der Wald abgeholzt worden ist.
Ein Streifen ist schon wieder aufgeforstet. Aus diesen winzigen Lärchenstecklingen sollen mal kräftige Bäume werden? Kaum zu glauben! Man hat aus der Katastrophe gelernt, sagte mir gestern ein Waldarbeiter.
Wo immer es möglich ist, werden Laubhölzer angepflanzt, weil die nicht so schnell brennen wie Nadelbäume. Überall geht es aber nicht. Dort, wo leichter Sandboden vorherrscht, gedeihen die anspruchslosen Kiefern und Fichten. Aber schon Mischwald wäre ein Fortschritt, meint er.

... elf Jahre später

Elf Jahre war ich nicht mehr hier, und doch erinnere ich mich noch sehr genau an die tote Landschaft von damals nach dem Brand, und dann zwei Jahre später - obwohl ich da in meinem Tagebuch zurückblättern muß.
Was ist aus den armseligen Stecklingen von damals geworden? Ich mußte mich erst auf der Karte vergewissern, daß es derselbe Standort ist.
Ein stattlicher Wald, schneller gewachsen als ich. Wenn ich es geschickt anstelle, erlauben die Äste schon, ein Stückchen hochzuklettern und Ausschau zu halten.
Auf etwas freieren Flächen blüht nicht mehr das Weidenröschen, sondern ein ganzer Teppich üppiggrüner Blaubeersträucher breitet sich aus. Dieser feuchte Sommer läßt auch auf kargem Sandboden etwas gedeihen.
Offensichtlich trifft das Sprichwort "Zeit heilt Wunden" auch für die Natur zu, wenn der Mensch durch überlegtes Handeln nachhilft.
Man hat aus der Katastrophe von 1975 gelernt bei der Aufforstung. Doch in trockenen Jahren gab und gibt es immer noch Waldbrandgefahr.
Damals litt die Brandbekämpfung unter Wassermangel, deshalb sind mitten im Wald Feuerlöschteiche angelegt worden, sozusagen Notrationen zum sofortigen Löschen, solange der Brandherd noch klein ist. Daß Feuer rechtzeitig entdeckt wird, dafür gibt es die Beobachtungstürme. Bei Waldbrandgefahr sind sie mit Feuerwehrleuten besetzt. Sie können über Funk umgehend Hilfe herbeiholen. Heute könnte man auch die Wasserbomber durch Hubschrauber ersetzen, die ganz gezielt Löschwasser an besonders gefährdeten Stellen placieren.

linke Seite oben: Das Waldbrandgebiet

Bildfolge unten: Die Feuersbrunst und ihre Folgen

Erste Ergebnisse der Wiederaufforstung

Das Wendland

Bauernhäuser...

... in Satemin

Protest

Ein Berliner in Satemin

Sobald er den Mund aufmacht, der zwölfjährige Junge auf dem Dorfplatz von Satemin, weiß man, er stammt nicht von hier. Als er einer kleinen Touristengruppe Auskunft über das Rundlingsdorf Satemin gibt, hört man, seine Heimat ist Berlin. "Mein Ku(h)damm is hier in Satemin", verkündet er und hat die Lacher auf seiner Seite.

Mit gelegentlichen Führungen bessert er in den Ferien, die er hier häufig mit seinen Eltern verbringt, sein Taschengeld auf. Außerdem hilft das gegen Langeweile; denn Spielkameraden hat er hier nicht.

Nicht, daß er etwa keinen Kontakt findet - es gibt keine Kinder in seinem Alter. Die einheimische Bevölkerung besteht fast nur noch aus älteren Leuten.

Von den ehemals 25 Bauernhöfen werden noch zwei bewirtschaftet. Die anderen Höfe haben Berliner und Hamburger als Zweitwohnsitz gekauft oder gepachtet. Sie kommen an Wochenenden und in den Ferien, zeitweise wirkt das Dorf wie ausgestorben.

Ohne die Großstädter würden die vielen alten Hofgebäude im Wendland verfallen, viele Häuser und Gehöfte wurden stilgerecht renoviert.

Satemin sieht in seiner Anlage wie früher aus - nur das dörfliche Leben ist heute anders. Der Fremdenführer ist z.B. Berliner. Er verweist auf die Balkeninschriften an den Giebelseiten, die zum Dorfplatz ausgerichtet sind. So, als sei er dabei gewesen, schildert er die Feuersbrunst von 1850. Außer der Kirche und dem Spritzenhaus brannte das ganze Dorf ab.

Wenn seine Phantasie stellenweise übersprudelt, quittieren seine Zuhörer das mit einem Lächeln.

Anti - Atom - Demonstration 1979

Gorleben soll leben...

Ich kann mich nicht erinnern, daß vorher oder nachher so leidenschaftlich in unserem Dorf diskutiert wurde.
Streitpunkt: Gorleben als Endlager für abgebrannte radioaktive Brennelemente.
Befürworter und Gegner meinten es ernst mit der Parole "Gorleben soll leben!" Die eine Gruppe hatte Angst vor den Gefahren der radioaktiven Strahlen, die andere dachte an neue Arbeitsplätze und wirtschaftliche Vorteile in dieser Region.
Ich gehörte zur ersten Gruppe und wollte das auch öffentlich zeigen durch meine Teilnahme an einer Demonstration.
Als wir das Gelände besetzen wollten, stießen wir auf Polizei, die uns abzudrängen versuchte. Das ließen wir uns nicht gefallen. Wütende Beschimpfungen gingen hin und her. Wie es geschah, weiß ich nicht. Jedenfalls setzte ein Handgemenge zwischen uns und der Polizei ein. Steine flogen, und Schlagstöcke wurden eingesetzt. Ich sah Freunde verletzt zu Boden gehen und half ihnen zurück zum Auto. Da ich mich um sie kümmern mußte, konnte ich nicht beobachten, wie es weiterging.
Später las ich in der Zeitung, daß es auf beiden Seiten viele Verletzte gegeben hätte und einige Demonstranten verhaftet worden waren.

... und heute!

Waren die Demonstrationen von damals umsonst?
Jedenfalls wird in Gorleben gebaut, allerdings ein Bergwerk zur Erkundung des Salzstockes. Der soll einmal die radioaktiven Abfälle aufnehmen. Vorher muß aber festgestellt werden, wie das Gestein zusammengesetzt ist und wie dick die Schicht ist.
Ob das auch so gründlich geprüft worden wäre, wenn die Demonstranten die Bevölkerung nicht darauf aufmerksam gemacht hätten, weiß man nicht. Erst in einigen Jahren kann gesagt werden, ob die Gegner oder Befürworter recht hatten; denn solange dauern noch die Untersuchungen und Vermessungen.

Förderturm in Gorleben

Zwischen Harz und Heide

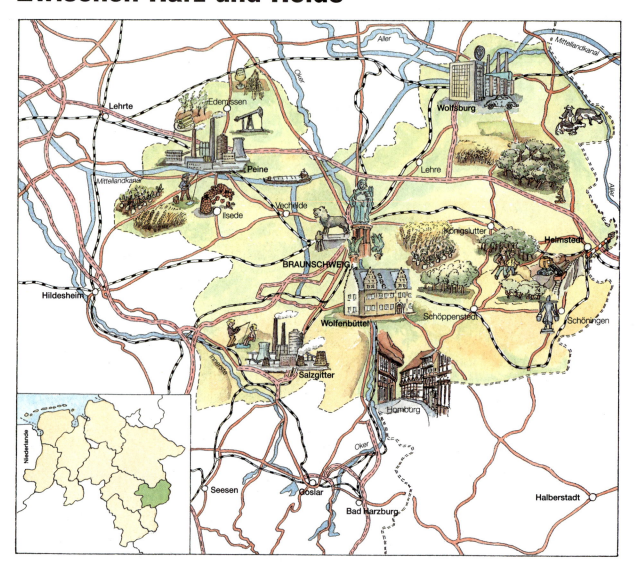

Drei Landschaften in einer Region

Autofahrer, die auf der Autobahn von Berlin kommend Helmstedt passieren, durchfahren bis zum Autobahnkreuz Hannover-Ost unterschiedliche Gebiete.

Da ist die vom Braunkohletagebau geprägte Helmstedter Region. Ihr folgt der durch dichte Besiedlung auffallende Raum Wolfsburg - Braunschweig - Wolfenbüttel. Von da ab beherrscht Industrie das Landschaftsbild von Salzgitter bis Peine.

In allen drei Landschaften fällt auf, daß der Mensch durch wirtschaftliche Eingriffe das Landschaftsbild gestaltet hat. Da sind die Abraumhalden des Tagebaues, z.T. schon wieder verfüllt und begrünt; das dichte Straßennetz im Großraum Braunschweig und die städtische Bebauung mit Hochhausfassaden; schließlich fallen die durch den Kiesabbau entstandenen Baggerseen im Raum Salzgitter-Peine auf. Dazwischen liegen weite Felder.

Im Raum Braunschweig - Salzgitter - Peine herrschen als Kulturpflanzen Weizen und Zuckerrüben vor, während in den Randgebieten Gerste und Kartoffelfelder die größten Flächen einnehmen.

Alle drei Landschaften verändern sich weiter, denn die Stahlindustrie mit den Stahlwerken Peine-Salzgitter muß ihre Produktion einschränken. Stahl ist nicht mehr so gefragt. Andere Industrien siedeln sich an.

Braunschweig, das schon früher über Forschungseinrichtungen verfügte, baut diese weiter aus. Moderne Braunkohlekraftwerke gehen in der Region Helmstedt ans Netz.

Abbildungen rechte Seite:
oben links: Braunkohlebergbau,
**   rechts: Mergelabbau**
Mitte links: Kühltürme der Ilseder Hütte
unten: Die bekanntesten landwirtschaftlichen
**   Produkte Zuckerrüben und Spargel**

Niedersachsen für Kinder und Kenner / Zwischen Harz und Heide

Stahl in Peine

Harte Arbeit am Hochofen

Ein ehemaliger Stahlarbeiter erzählt

Herr Masanke, Sie waren 31 Jahre bei den Stahlwerken Peine-Salzgitter und haben alle Positionen bis zum Betriebsleiter kennengelernt. Uns interessieren die Arbeiter und ihre Arbeitsbedingungen im Betrieb und was sich im Laufe eines Arbeitslebens geändert hat.

Frage: Wie sah Ihr Arbeitsplatz aus, als Sie bei P & S anfingen?
Antwort: Ich fing als Konvertermann an. Schaufel und Handkarren waren die hauptsächlichen Werkzeuge. Die Arbeit war körperlich schwer und verlangte viel Kraft.

Frage: Wie verlief damals so ein Arbeitstag?
Antwort: Es gab den sogenannten Schichtakkord. D.h. eine bestimmte Menge mußte hergestellt werden. Es gab keine festgelegten Arbeitspausen. Wir lösten uns gegenseitig ab, so daß man vielleicht 20 Minuten Pause hatte; dennoch war das Arbeitsklima gut.

Frage: Wie sah es mit der Schichtarbeit aus?
Antwort: Gearbeitet wurde in drei Schichten (6.00 - 14.00 / 14.00 - 22.00 / 22.00 - 6.00 Uhr). Betriebsbeginn war sonntags um 22.00 und Betriebsschluß am nächsten Sonntag um 6.00 Uhr. Der Sonntagvormittag war für Reparaturen vorgesehen. Ein Teil der Belegschaft mußte da anwesend sein. Dieser Personenkreis hatte somit eine 7-Tage-Woche.

Frage: Was belastet bei Schichtdienst am meisten?
Antwort: Die Abweichungen vom natürlichen Tagesablauf. Gerade der wöchentliche Wechsel zwischen Ruhe- und Arbeitszeit ist belastend.

Frage: Welchen Gefahren waren die Arbeiter ausgesetzt?
Antwort: Bei den Heißbetrieben besteht hauptsächlich die Gefahr von Verbrennungen. Aber auch Quetschungen und Knochenbrüche kamen vor. Arbeitsschutzkleidung verringert heute die Gefahr.

Frage: Wie haben sich die Arbeitsplätze verändert?
Antwort: Die schwere körperliche Arbeit ist fast völlig entfallen. Förderbänder und Drucklufttransportleitungen sorgen für Zu- und Abtransport.

Frage: Warum gab es im Werk eine Einstellungswelle ausländischer Arbeitnehmer, und wie haben diese sich auf den Arbeitsplatz eingestellt?
Antwort: Zu Beginn der 70er Jahre fehlte es an Hilfsarbeitern und Ungelernten, und Stahl war sehr gefragt. Außerdem wirkte sich die Arbeitszeitverkürzung von 48 auf 40 Wochenstunden aus.
Vom Peiner Stahlwerk wurden hauptsächlich türkische Arbeiter angeworben. Zu Beginn war die sprachliche Verständigung das Hauptproblem. Das normalisierte sich aber mit der Zeit.

Frage: Warum ist die Stahlproduktion so rückläufig?
Antwort: Es gibt drei Hauptgründe
a) Es kann weniger Stahl exportiert werden, weil die früheren Abnehmer inzwischen selbst produzieren.
b) In manchen Bereichen ist der Werkstoff Stahl durch Kunststoff verdrängt worden.
c) In der Autoproduktion werden wesentlich dünnere Bleche verarbeitet.

Frage: Gibt es Zukunftsaussichten für ein geschrumpftes Unternehmen?
Antwort: Wenn es gelingt, sich auf bestimmte Produkte zu spezialisieren, hat die Stahlindustrie auch eine Zukunft.

Frage: Ist die Y-Schwelle eine Zukunftsschiene?
Antwort: Das hängt davon ab, wie die Testversuche ausfallen. Bedenkt man, welche Höchstgeschwindigkeit Züge künftig fahren sollen, dann könnte die Y-Schwelle für den Stahlstandort Peine eine Zukunftsschiene sein.

Stahlwerk Peine-Salzgitter

Stahlstadt im Wandel

Zwei Holländerinnen, die nach 40 Jahren wieder nach Peine kamen, brachten zum Ausdruck, was auch andere Besucher feststellen: "Peine ist viel schöner geworden". Das trifft sicher für viele Städte zu.

Doch in Peine hat das mit dem wirtschaftlichen Wandel zu tun. Früher lebte die Stadt von der Stahlindustrie. Ständig entquoll den hohen Schornsteinen eine gelblich-rote Rauchwolke und verteilte sich über das angrenzende Stadtgebiet zu einer Dunstglocke. Heute gibt es nur noch einen rauchenden Schlot mit weniger verfärbtem Qualm. Stahl ist nicht mehr so gut zu verkaufen. Es wird viel weniger produziert.

Die Werbung "P & S - Ihr Partner für Stahl" ist ein Spruch aus vergangener Zeit.

Große Hinweisschilder auf günstige Flächen für Industriebetriebe in der Nähe von Autobahn, Kanal und Eisenbahn zeigen, daß der neue Werbespruch "Stahlstadt im Wandel" zutrifft. Die Werbung bringt erste Erfolge, wie die Fabrikgebäude der japanischen Firma Matsushita und kleinere Betriebe, die mit Stahl nichts mehr zu tun haben.

Narben, die verheilen

Das Thermometer zeigt 25 Grad Celsius und darüber. Auf der sonst wenig befahrenen Straße bewegt sich eine Autokolonne stadtauswärts, als strebten die Leute einem großen Sportereignis zu. Ähnlich dicht ist der Verkehr auf dem parallel verlaufenden Radweg.

Die sommerlich gekleideten Radler haben alle möglichen Badeutensilien auf die Gepäckträger geklemmt. Nach einer kleinen Anhöhe ist das Ziel erreicht.

Überall parken Autos mit Kennzeichen aus der nahen und weiteren Umgebung. Vor den Besuchern dehnt sich wie in einer Schüssel eine mehrere Hektar große Wasserfläche aus. Die abgeflachte Böschung nutzen Badegäste zum Sonnen und Ausruhen. Ganze Familien tummeln sich im klaren Wasser.

Doch solchen Badebetrieb gibt es erst seit etwa 15 Jahren, nachdem der Landkreis Peine das ausgebeutete Kieskuhlengelände aufkaufte und rekultivierte.

Es entstand ein ideales Naherholungsgebiet, das auch gern an weniger heißen Tagen von Wanderern und Anglern aufgesucht wird. Bei strengem Frost kommen sogar Schlittschuhläufer zu ihrem Recht.

In der Industrieregion Peine - Salzgitter sind viele solcher Kiesseen für die Naherholung erschlossen worden.

Sie waren entstanden, als die leeren Erzstollen mit Kies verfüllt werden mußten. Außerdem brauchte man Kies für den Bau von Straßen, Autobahnen und Gebäude.

Kiesabbau

Ölrausch

Ölrausch im Peiner Nordkreis

Vor über 100 Jahren wurde der kleine Ort Oelheim im Norden Peines weithin bekannt. Die dritte Bohrung des Adolf A. Mohr hatte Erfolg.

Kaum waren die Pumpen in Bewegung gesetzt, schoß ein Strahl aus Gas, Erdöl, Wasser und Sand aus dem Bohrloch. Entsetzt flohen die Arbeiter, denn der Ausbruch war von einem lauten Getöse begleitet.

Solch eine ergiebige Quelle hatte man in Deutschland noch nicht gesehen. Alle leeren Fässer und Behälter mußten von weit hergeholt werden, um wenigstens einen großen Teil der kostbaren Flüssigkeit aufzufangen.

Bald wimmelte es von Fremden in Oelheim. Auf der bis dahin einsamen Landstraße stauten sich die Droschken. Die Hotels in Peine waren überfüllt. Schon gab es in Oelheim ein Hotel mit dem Namen "Neu Pennsylvanien", nach dem Erdölgebiet in Nordamerika genannt. In dem Hotel ging es in vielen Sprachen hoch her.

Wein und Sekt flossen in Strömen. Wie gut der Umsatz gewesen sein muß, konnte man 1960 noch nachträglich sehen. Als die Baugrube für ein Wohnhaus ausgeschachtet wurde, mußten mehrere Wagenladungen Wein- und Sektflaschen abgefahren werden. Sie waren dort vergraben worden.

So bunt wie die Gesellschaft in den Wirtschaften waren auch die Erdölarbeiter zusammengewürfelt. Neben Deutschen gab es Amerikaner, Slowenen, Italiener, Spanier und andere Ausländer. Sie alle hofften auf das große Geld. Diese teils wilden Gesellen waren häufig in Schlägereien verwickelt, so daß Oelheim einen eigenen Polizeiposten erhielt.

Die Zahl der Arbeiter stieg von anfangs 300 in einem Jahr auf 1500. Über 100 Firmen waren auf dem Ölfeld tätig. Doch schon nach drei Jahren war das große Geschäft vorbei.

In anderen Gegenden war das ganz ähnlich. In Wietze bei Celle erinnert ein Museum daran.

oben: Oelheimer Förderanlagen 1906

rechte Seite Mitte links: Erdgasabfackelung

rechte Seite Mitte rechts: Ölpumpe

Nickende Esel und Fackelschein

Was ist von dem Ölrausch vor 100 Jahren geblieben? Das Ortsschild "Oelheim" und das Straßenschild "Waltersbadweg" erinnern an die wilde Zeit des kleinen Ortes. Aber vergessen ist das "schwarze Gold" nicht. Wenn man von Peine Richtung Celle fährt, begegnet man in Talsenken seltsamen Gebilden. Im Volksmund nennt man sie die "nickenden Esel". Wie geduldige Esel bewegen sich auf Eisengestänge montierte Hebel auf- und abwärts, langsam aber stetig. Es sind Ölpumpen, die das Erdöl bis aus 4000 m Tiefe herauspumpen. Von dort fließt es zu Sammelstellen. Zusammen mit dem Erdöl lagert auch Erdgas. Dieses Gas wirkte bisher eher störend, da es wegen der geringen Menge wirtschaftlich kaum genutzt werden konnte. So verhalf es dem Ort Wendesse zu einem Wahrzeichen besonderer Art. In einem schlanken, hohen Behälter wird das Gas gesammelt und an der Spitze verbrannt. Man nennt das Abfackeln. Tag und Nacht zeigt eine lodernde Flamme den Weg nach Süden. Damit wird es bald vorbei sein. Es ist ein Verfahren entwickelt worden, bei dem das Gas zur Stromerzeugung verwendet wird. So muß in einigen Jahren auch das Wahrzeichen Wendesses erlöschen.

Der Bohrturm

Es steht ein schwarzes Gespenst im Moor,
    das ragt über Büsche und Bäume hervor.
Es steht da groß und steif und stumm,
    sieht lauernd sich im Kreise um.
Im Rosenrot prangt das Heideland:
    Ich ziehe dir an ein schwarzes Gewand.
Es liegt das Dorf so still und klein:
    Dich mache ich groß und laut und gemein.
Der Bauer schafft im goldnen Feld:
    Ich nehme dein Land und gebe dir Geld.
Des Hafers goldene Rispen wehn:
    Hier sollen schwarze Häuser stehn.
Es blitzt der Bach im Sonnenschein:
    Bald wirst du schwarz und schmutzig sein.
Es rauscht der Wald so froh und stolz:
    Dich fälle ich zu Grubenholz.
Die Flamme loht, die Kette klirrt,
    es zischt der Dampf, der Ruß, der schwirrt,
    der Meißel frißt sich in den Sand -
    der schwarze Tod geht durch das Land.
(Hermann Löns)

Wolfsburg - wo der Käfer laufen lernte

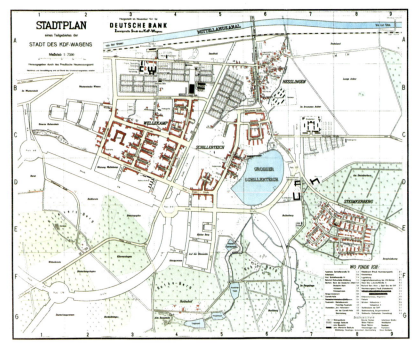

Eine Stadt vom Reißbrett

Der KdF-Wagen, so benannt nach der nationalsozialistischen Organisation "Kraft durch Freude", wird gebaut, das ist beschlossene Sache. Dafür soll ein ganz neues Werk entstehen und eine Musterstadt, die "Stadt des KdF-Wagens". Dr. B. Lafferenz erhält den Auftrag, den Standort zu wählen. An einem schönen Sommertag des Jahres 1937 besteigt er ein Flugzeug. Es herrscht klare Sicht. Das Gebiet zwischen Braunschweig und Magdeburg hat er schon in die engere Wahl genommen. Heute will er Einzelheiten besser erkunden. Der Pilot muß tief runtergehen. Dr. Lafferenz läßt über das Gebiet um Fallersleben mehrmals die Runde drehen. Er ist mit dem Ergebnis seiner Erkundung zufrieden. Er findet, was er für den Standort benötigt: die neue Stadt wird mitten im Deutschen Reich liegen, und es gibt bereits ausgebaute Verkehrswege: die Eisenbahnlinie Köln-Berlin, die Autobahn Hannover-Berlin und den Mittellandkanal.

Der Plan wird gebilligt. Der Bau von Werk und Stadt beginnt. Den Mittelpunkt bildet das Werk. Darum ordnet sich halbkreisförmig die eigentliche Wohnstadt. Am 1.3.1941 ist der erste VW, ein Käfer, fertiggestellt. Seit fast zwei Jahren tobt der 2. Weltkrieg, so daß im Werk Autos und andere Güter für die Rüstung produziert werden. Der Siegeszug des Käfers beginnt erst nach Kriegsende. Selbstbewußt heißt die Werbung der 50er Jahre: "Laß' Dir kein U für ein X vormachen, wähle was dazwischen liegt". Der in der ersten Bauzeit gebrauchte Name "Stadt des KdF-Wagens" verschwindet. Die Stadt heißt nach dem nahe gelegenen Schloß ab 1945 "Wolfsburg".

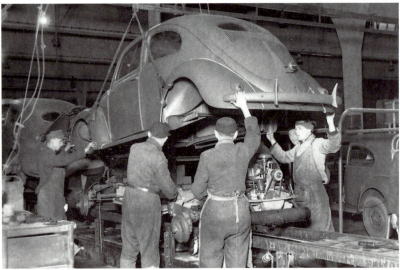

oben: Wolfsburg 1941

Mitte: Blick in die Produktion in den 50er Jahren

unten: Der "Käfer" im Wandel der Zeit

Wolfsburg heute

Wie kaum in einer anderen deutschen Stadt kann man in Wolfsburg sehen, wie sich eine Industriestadt entwickelte.

Aus den Kriegs- und Vorkriegszeiten blieben nur wenige Bauten übrig. Wegen der vielen Vertriebenen herrschte großer Mangel an Wohnungen; schnell aufgebaute Baracken linderten die größte Wohnungsnot. Wolfsburg war in den Nachkriegsjahren eine Barackenstadt.

Hochhäuser, dicht gedrängt, bestimmten das Stadtbild Ende der 50er und 60er Jahre. Im Stadtteil Detmerode zeigt sich das am deutlichsten.

Der Stadtteil Westhagen ist ein Beispiel für eine andere Form dichter Bebauung: hier gibt es den Wechsel zwischen mehrstöckigen Häusern und Hochhausblöcken.

Wolfsburg und das VW-Werk heute

Moderne Fertigungshalle im VW-Werk mit Industrierobotern

Aus Forschung und Technik

**Wie sich die Zeiten ändern:
Zeitmessung früher...**

Wo die Zeit "gemacht" wird

"Eigentlich ist es ja erst zehn Minuten nach sieben", entschuldigt sich Jörg, weil er am 28. März die Morgenzeitung verspätet durch den Türschlitz schiebt.
So wie ihm ergeht es manchem, der es versäumt hat, am 27. März abends oder in der Nacht zum 28. um zwei Uhr den Zeiger um eine Stunde vorzudrehen. Aber zu früh statt zu spät zur Arbeit oder zur Schule könnte auch kommen, wer Ende September versäumt, die Uhr für eine Stunde anzuhalten.
Denn Ende September endet in der Bundesrepublik wie in vielen anderen europäischen Ländern die Sommerzeit.
Wer sorgt nun dafür, daß unsere Uhren immer richtig gehen? Wo wird die Zeit "gemacht"?
Wie das ganz genau geschieht, erfährt man in Braunschweig bei der PTB, das ist die Abkürzung für Physikalisch-Technische Bundesanstalt.
Wie sieht es dort aus, wo die Zeit gemacht wird?
Gar nicht geheimnisvoll!
Wir betreten eine große Halle mit vielen Apparaturen. Man ist verwirrt, aber auch ernüchtert. Wo ist denn nun das Wunderwerk, die Atomuhr, unsere genaueste Zeitmaschine?
Die große waagerechte Röhre mit den vielen angeschlossenen Instrumenten hat keine Ähnlichkeit mit einer Uhr. Und doch sorgen die kleinsten Teilchen des Stoffes Cäsium darin, man nennt sie Atome, daß man bis auf eine Millionstel Sekunde genau die Zeit bestimmen kann. Auf der ganzen Welt gibt es nur etwa zehn Stück davon.
Die Zeit bleibt nicht in diesem Raum.
Über Funk werden Zeitzeichen ständig an die Sendefunkstelle Mainflingen bei Frankfurt/Main gegeben. Dort stehen noch Kontrolluhren, damit ja keine Tausendstel Sekunde verlorengeht.
Wer nun die genaue Zeit ständig braucht, erhält sie über eine sogenannte Funkuhr. Am Stromnetz angeschlossen, zeigt sie in Sekundenschritten die genaue Zeit an, die sie von dem Sender bei Frankfurt empfängt.
Alle Einrichtungen in der Bundesrepublik, die mit exakter Zeitangabe arbeiten müssen, rufen regelmäßig mit Funkuhren die genaue Zeit ab.
Das ist beispielsweise die Bundesbahn, bei der von einer Zentrale die Bahnhofsuhren gesteuert werden. Oder Flughäfen, wo innerhalb einer kurzen Zeitspanne Flugzeuge starten und landen müssen. Sie alle können sich keine ungenauen Zeitangaben leisten.
Aber nicht nur die genaue Zeit wird in der PTB "gemacht". Es gibt noch viele andere Abteilungen, die für uns alle einheitlich gültige Begriffe festlegen, z.B. diejenige, wo die genauen Maße und Gewichte festgelegt sind.

... und heute

Die tolle Knolle

Manche Hausfrau käme in Verlegenheit, wenn sie keine Kartoffeln hätte. Und doch ist es erst gut 200 Jahre her, daß man diese Frucht bei uns kennt. Es gibt eine Reihe von Anekdoten, wie der preußische König Friedrich der Große mit Macht und List seinen Untertanen die Knolle "schmackhaft" machen mußte.
Damit hat er sicher mehr für die Nachwelt getan, als mit seinen gewonnenen Schlachten.
Inzwischen ist die Kartoffel zu einem Grundnahrungsmittel geworden. Als Kulturpflanze ist sie wie andere aber durch Krankheiten und Schädlinge bedroht. In der Bundesforschungsanstalt für Landwirtschaft in Braunschweig befaßt man sich mit der Züchtung von neuen Sorten, die widerstandsfähiger gegen Erkrankungen und Schädlinge sind.
Viele Versuche sind nötig, bis man eines der Zuchtziele erreicht.

Kartoffelstaude (Wildform): Die Wildform der Kartoffel ähnelt in Blatt und Blüte der Kulturform.

Kartoffelstaude (Kulturform): So kennen wir die Kartoffelstauden auf unseren Feldern.

Abb. links:
Von der sogenannten Vaterpflanze werden die Blüten abgeschnitten. Ihnen entnimmt man die männlichen Blütenteile, die Staubgefäße.

Abb. rechts:
Die sogenannte Mutterpflanze wird auf die Befruchtung vorbereitet. Es bleibt nur der weibliche Blütenteil, der Stempel, stehen.

Abb. links:
Mit der Pinzette wird nun der Blütenstaub der Vaterpflanze auf den Stempel der Mutterpflanze übertragen. Die Blüte ist befruchtet.

Abb. rechts:
Es wachsen grüne Früchte heran. Aus deren Samen stammen dann Pflanzen mit den ersten Knollen. Die werden nach dem beabsichtigten Zuchtziel weiter sortiert und vermehrt.

Niedersachsen für Kinder und Kenner / Zwischen Harz und Heide

Das Weser- und Leinebergland

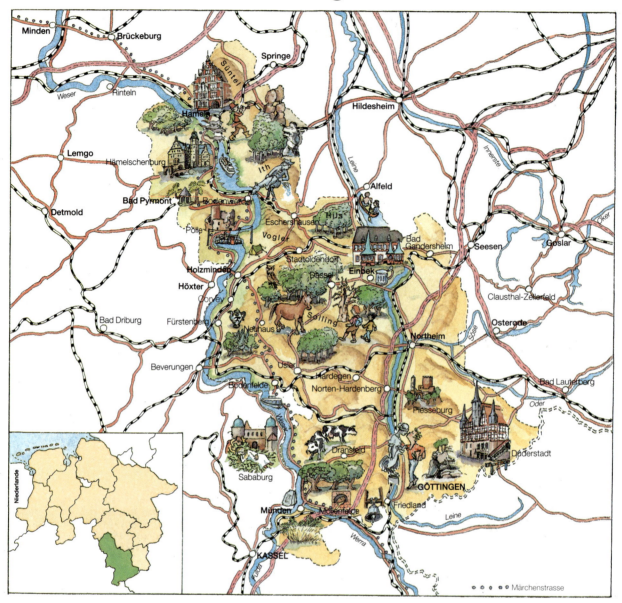

Landschaft an Weser und Leine

Zwei Flüsse haben dem Bergland im Süden Niedersachsens seinen Namen gegeben: die Weser und die Leine. Die Leine entspringt südlich des Harzes im Eichsfeld. Eine Weserquelle gibt es nicht, weil der Strom in Hannoversch Münden aus dem Zusammenfluß von Werra und Fulda entsteht.

Die Weser war eine bedeutende Wasserstraße. Ihre Brückenstädte zwischen Hannoversch Münden und Hameln sind einst reiche Handelsorte gewesen. Das kann man noch an den prächtig geschmückten Häusern und auch an den prunkvollen Schlössern erkennen. Das Weserbergland ist ein herrliches Erholungsgebiet mit vielen Wäldern zum Wandern und Flußdampfern, die zu einer kleinen Schiffsreise einladen. Entlang der Märchenstraße finden sich viele Orte, die an Märchen und Sagen erinnern. Da das Wesertal an vielen Stellen sehr eng ist, führen keine großen Fernstraßen und Eisenbahnstrecken hindurch. Ganz anders das Tal der Leine. Der Fluß ist flach und bis Hannover kaum schiffbar. Doch der breite Graben, durch den er fließt, nimmt die wichtigen Nord - Süd - Verbindungen der Autobahn und der Bundesbahn auf. Die Leinestädte Göttingen, Northeim und Einbeck waren früher Rastorte, denn sie liegen genau in den Abständen einer Tagesfahrt für Pferdefuhrwerke voneinander entfernt. Auf den Berghöhen stehen noch Burgen, von denen aus die Handelsstraßen geschützt wurden.

Göttingen ist Niedersachsens größte und berühmteste Universitätsstadt, in der viele Nobelpreisträger gelehrt haben. Etwas südlich liegt das Dorf Friedland, das in seinem Durchgangslager seit 1945 Hunderttausende von Flüchtlingen aufgenommen hat, die auf dem Weg in den Westen Deutschlands waren.

Auf dem weißen Dampfer das Wesertal entdecken

Göttingen: Der Gänselieselbrunnen

Im Weserbergland

Von Ratten und Rittern

**Im Museum Hameln:
Eine Zeichnung zur Rattenfängersage**

Hameln - die Rattenfängerstadt

Wer Hameln besucht, wird auf Schritt und Tritt an die alte Rattenfängersage erinnert. In der belebten Innenstadt mit ihren bunten Fachwerkhäusern und reich verzierten Steinfassaden entdeckt er ein Glockenspiel mit den Sagenfiguren. Während der Sommermonate spielen Kinder zusammen mit dem unheimlichen Flöter in alten Kostümen die seltsame Geschichte.

Im Museum ist alles Erreichbare über die wohl berühmteste deutsche Sage ausgestellt. Dem Besucher fällt auf, daß nicht der tanzende Flöter im Stadtwappen von Hameln abgebildet ist, sondern ein Mühlstein und ein Mühlei-

Der Rattenfänger vor dem Museum

sen. Außer der steinernen Weserbrücke haben nämlich die Kornmühlen den Reichtum in die Stadt gebracht. Sie hieß lange Zeit Quernhameln (Mühlenhameln), und noch immer besitzt sie an der Weser die größte wassergetriebene Mühle Deutschlands. Trotzdem verbindet jeder mit dem Namen Hameln die Sage vom schrecklichen Verschwinden der 130 Kinder im Jahre 1284. Die Brüder Grimm haben sie so aufgeschrieben, wie wir sie kennen: Während einer schweren Rattenplage bietet sich ein geheimnisvoller Fremder an, die Stadt vor der Vernichtung ihrer Getreidebestände zu bewahren. Mit zauberhaftem Flötenspiel lockt er die Plagegeister in die Weser und ersäuft sie. Doch als die Stadtoberen ihm den versprochenen Lohn verweigern, entführt er am 26. Juni 1284 die

Rattenfängerglockenspiel am Hochzeitshaus

130 Kinder und verschwindet mit ihnen in einem Berg.
Schon lange versuchen Forscher herauszufinden, was sich damals wirklich abgespielt hat. Daß man Ratten nicht im Fluß ertränken kann und daß es eine Berghöhle niemals gegeben hat, war ihnen klar. In Hameln fanden sie in einem Glasfenster nur eine kurze Inschrift über den Pfeifer und das Verschwinden der Kinder im Calvarienberg. Was tatsächlich geschehen ist, weiß bis heute niemand genau.
Ob die hämelschen Kinder in Wirklichkeit junge Männer waren, die unter Führung eines Stadtpfeifers in den Krieg zogen?
Oder ob viele junge Menschen wegen einer Rattenplage und einer Hungersnot nach Böhmen auswandern mußten? Ob der Pfeifer in Wahrheit ein geschickter Werber war, der ihnen in höchsten Tönen ein gelobtes Land vorgaukelte?
Zu all diesen Erklärungen fanden die Forscher Spuren, in Böhmen und Polen, z. B. Familien- und Ortsnamen aus dem Weserland. Doch was damals wirklich geschah, werden wir wohl nie erfahren.

Schöne Schlösser und prächtige Häuser

In den Jahren zwischen 1520 und 1620 wurden an der oberen und mittleren Weser die heute noch berühmten Schlösser und Stadthäuser gebaut. Manche Adelsherren hatten als Heerführer in den Kriegen der damaligen Zeit reiche Beute gemacht und viel Geld eingenommen.
Außerdem konnten sie das Getreide, das auf ihren Äckern im Weserland reichlich wuchs, zu hohen Preisen in die Kriegsgebiete verkaufen. Mit dem Gewinn bezahlten sie ihre stattlichen Bauten.
Auch die Kaufleute an der Weser machten zu der Zeit gute Geschäfte. Auf ihren Reisen nach Holland, Flandern und Italien lernten sie viele reiche Städte kennen. Wie ihre ausländischen Geschäftsfreunde wollten sie ein angenehmes Leben führen und ihren Reichtum nach außen mit großen verzierten Häusern zeigen.
Damals haben Architekten und Baumeister aus ganz Deutschland die Schlösser und Prachthäuser im Weserland genauso gebaut, wie sie es in Holland, Italien und Frankreich gelernt hatten.

Die Hämelschenburg

Reiche Bauherren an der Weser - Schloß Hämelschenburg

Große Flüsse wie die Weser waren bequeme und billige Transportwege, als es noch keine gut ausgebauten Straßen gab. Die breiten Flußtäler konnten nicht leicht überschritten und die wenigen Übergänge - Furten oder Brücken - vom Ufer aus gut überwacht werden. Hier bauten die Ritter ihre Burgen. Seit 1437 wohnte die Familie Klencke auf der Burg bei Hemersen, der Hämelschenburg. Wie ist aus der Burg ein Schloß geworden? Das kam so: 1583 wurde Jürgen Klencke Burgbesitzer. Er hatte die Lateinschule in Minden besucht und war sieben Jahre in Diensten des Grafen von Hoya gewesen. Als er die Burg erbte, mußte er seinem Bruder viel Geld geben, um alleiniger Besitzer zu werden. Deshalb wurde er Kriegsmann und verdiente in neun Jahren als Rittmeister des Bischofs von Verden ein großes Vermögen, mit dem er anstelle der alten Burg ein prachtvolles Schloß bauen ließ.

Ein begabter Architekt muß es gewesen sein, der die drei Gebäudeflügel mit den Treppentürmen entworfen hat. Sie enthalten eine Gerichtsstube, da Jürgen der Gerichtsherr des Landes war, und einen Rittersaal im Obergeschoß des Nordflügels. Der ganze Südflügel diente der großen Familie als Wohnung, und im Mittelbau waren Ställe, Küche und Lagerräume untergebracht. Die Dächer waren mit Steinplatten aus dem Solling gedeckt, die Gebäude außen verputzt und bunt bemalt. Ein Brückentor und ein Torhaus schlossen die gewaltige Anlage ab. Gräben und Wälle umgaben sie zum Schutz gegen Feinde.
Die Bemalung, die Wälle und Gräben sind nicht mehr erhalten. Man kann jedoch noch die aufwendig geschmückten Giebel, die beiden großen Türme und die Eingangsportale bewundern. Sie sind mit Steinen verziert, die in Streifen fein ausgehauen und gekerbt wurden. Deshalb werden sie auch Kerbsteine genannt. In der Schloßkapelle stehen heute noch unter dem Altarbild Figuren von Jürgen Klencke und seiner Familie.

Märchen und Mathematik

Die Brüder Grimm

Sie sammelten Märchen - die Brüder Grimm

Es klingt wie ein Märchen: zwei Brüder aus Hanau, die in Kassel die Bibliothek des Kurfürsten betreuten, entdeckten, daß es Erzählungen gibt, von denen niemand weiß, wer sie sich ausgedacht hat.

Auf ihren Wanderungen in der Umgebung von Kassel und im Weserbergland begegneten sie in den Dörfern einfachen Menschen, die wunderbar erzählen konnten. Abends, nach getaner Arbeit, saßen die Dorfbewohner beisammen und hörten ihnen gespannt zu.

Merkwürdige kleine Geschichten trugen sie vor von Prinzessinnen und Prinzen, guten und bösen Feen, Riesen und Zwergen, Hexen und Zauberern, von Tieren, die sprechen konnten. Diese Geschichten nannten sie Märchen.

Die beiden Brüder Jacob und Wilhelm Grimm konnten es kaum glauben, daß einfache Bauersleute sich so zauberhafte Geschichten erzählten.

Da war die Katharina Dorothea Viehmann aus Rengershausen, die Viehmännin genannt, aus der die Märchen nur so heraussprudelten.

Oder der alte Dragonerwachtmeister Heinrich Krause in Hoof im Habichtswald, der viele lustige und traurige Soldatengeschichten zu erzählen wußte. Die Brüder Grimm waren sich einig: all diese schönen Geschichten mußten unbedingt aufgeschrieben werden, damit sich möglichst viele Menschen an ihnen erfreuen und aus ihnen etwas lernen konnten.

Es dauerte nicht lange, da konnten die Grimms im Jahre 1812 ein ganzes Buch mit den wundersamen Volkserzählungen füllen.

Sie nannten es "Kinder- und Hausmärchen", obwohl die Geschichten eigentlich für Erwachsene gedacht waren. Doch auch die Kinder mochten sie gerne hören, und sie behielten sie Wort für Wort im Gedächtnis.

Das Märchenbuch machte die Brüder in ganz Deutschland bekannt. An der berühmten Universität Göttingen wurden sie beide zu Professoren ernannt. Fleißig sammelten sie weitere Märchen und Sagen. Ein wahres Märchenfieber brach in Deutschland aus. Überall schrieben Sprachforscher diese Geschichten auf und schickten sie den Brüdern Grimm.

Ein Professor aus Hildesheim entdeckte "Der Hase und der Igel", ein Pfarrer aus Celle gleich zehn Märchen, die ihm ein Lumpensammler erzählt hatte.

Schon 1815 konnte ein zweites Märchenbuch herauskommen. Bis heute werden Grimms Märchen immer wieder neu gedruckt. Auch im Ausland wurden sie bekannt und in viele Sprachen übersetzt.

Die Sprachforscher in aller Welt begannen nun damit, die Erzählungen ihrer eigenen Völker zu sammeln. Dabei stellten sie fest, daß bestimmte Märchen in etwas veränderter Form in vielen Ländern erzählt wurden.

Wie das zu erklären ist, erforschen heute die Sprachwissenschaftler in Göttingen. Sie haben schon über 500 000 verschiedene Volkserzählungen gesammelt. Bis zum Jahre 2005 wollen sie sie in zwölf Bänden eines Lexikons zusammenfassen. Vier Bände mit fast 3 000 Seiten sind schon fast fertig. So wird die Arbeit der Brüder Grimm fortgesetzt, mit der sie vor fast 200 Jahren begonnen haben.

rechte Seite: Wilhelm Weber und Carl Friedrich Gauß beim Telegrafieren

Dorothea Viehmann, eine Märchenerzählerin

Ein Schlachterssohn wird weltberühmt

1777 wurde Carl Friedrich Gauß als Sohn eines Schlachters in Braunschweig geboren. Seine Mutter konnte - wie viele Menschen zu der Zeit - ein wenig lesen, aber nicht schreiben.

Schon als kleines Kind interessierte er sich brennend für Zahlen. Als Dreijährigem fiel ihm auf, daß der Vater sich bei der Lohnabrechnung für die Gesellen geirrt hatte. Tatsächlich hatte das Kind richtig gerechnet, wie der Vater zugeben mußte. Bald brachte er sich selbst das Lesen bei.

Im 3. Schuljahr verblüffte er seinen Lehrer Büttner, der den Kindern die Aufgabe gestellt hatte, alle Zahlen von 1 bis 100 zusammenzuzählen. Blitzartig fand Gauß das Ergebnis: 5050. Er hatte die erste mit der letzten Zahl addiert, die zweite mit der vorletzten und danach alle weiteren Zahlenpaare. Jedesmal kam 101 heraus. Diese Summe nahm er mit 50 mal und hatte im Handumdrehen die richtige Lösung gefunden.

Nun war er als Wunderkind entdeckt. Er lernte auf dem Gymnasium in wenigen Jahren Latein und Griechisch, später noch Englisch, Französisch und Russisch und durfte schon mit 15 Jahren studieren.

Als 22-jähriger berechnete er als erster die Bahn des neu entdeckten Planetoiden Ceres, der nur kurze Zeit zu sehen gewesen war. Damit wurde er weltberühmt und zum Professor in Göttingen ernannt. Hier richtete er die neue Sternwarte ein, die er als Direktor leitete.

Carl Friedrich Gauß

1849 feierte Gauß ein großes Fest: den 50. Jahrestag seiner Doktorprüfung. Die ganze Stadt war geschmückt, und die Göttinger drängten sich in Sonntagskleidung in den Straßen. Sie wollten die vielen berühmten Gäste sehen, die zu Ehren von Gauß angereist waren.

Im Hörsaal der Universität hielt Gauß einen Vortrag über neue Gesetze der Mathematik, die er entdeckt hatte.

Unzählige Entdeckungen hat er in seinem langen Professorenleben gemacht, die teilweise erst nach seinem Tod aufgefunden wurden.

Zusammen mit seinem Kollegen Wilhelm Weber hat er den Telegrafen erfunden, als sie sich bei Messungen des Erdmagnetismus von weit entfernten Beobachtungspunkten aus verständigen wollten.

Das Königreich Hannover verdankt ihm die erste genaue Vermessung des Landes. König Georg V. ließ zu Gauß' Tod (1855) eine Gedenkmünze mit der Aufschrift prägen: Mathematicorum Princeps.

Und als "Fürst der Mathematiker" gilt er noch heute.

Fürstenberger Porzellan

Porzellanausstellung im Museum Schloß Fürstenberg

Eine Porzellanmanufaktur wird aufgebaut

Das Waldgebiet des Solling war früher eine arme Gegend. Viele Bewohner mußten deshalb auswandern, um sich im Ausland Arbeit zu suchen. Bis nach Jamaika und Kanada gelangten sie. Jahrelang nahmen sie Not und Entbehrungen auf sich, bis sie sich endlich ein Stück Land kaufen konnten. Viele kamen zuvor ums Leben.
Wie hat vor 250 Jahren Herzog Carl von Braunschweig versucht, den armen Menschen Arbeit zu beschaffen? In dem kleinen Dorf Fürstenberg bei Höxter besaß er an der Weser ein Schloß. Nur wenige Tage im Jahr wohnte er hier, wenn er im nahen Solling auf Jagd ging. Herzog Carl entschloß sich, in dem Schlößchen Porzellan herstellen zu lassen, weil damit viel Geld zu verdienen war.
Holz zum Heizen der Brennöfen gab es im Solling mehr als genug. Ob aber auch die Erdsorten für die Porzellanherstellung geeignet waren, sollte sein Hofjäger von Langen überprüfen. Der bekam den Auftrag, möglichst viele Sollingbewohner zu beschäftigen. Mit Feuereifer ging er an die Arbeit. Er richtete ein Labor ein, in dem die Erdsorten untersucht wurden, ließ ein Brennhaus bauen und eine Mühle, mit der die Rohstoffe zerkleinert wurden.
Schon nach drei Jahren, im Jahre 1750, konnten die ersten Gefäße gebrannt werden. Doch sie waren viel zu schwer und uneben. Im Vergleich zu dem berühmten dünnen Porzellan aus dem sächsischen Meißen wirkte das Geschirr aus dem Solling plump und unförmig.
Doch der Hofjäger gab nicht auf. Er holte sich die besten Fachleute, die Jahr um Jahr immer neue Versuche mit verschiedenen Erdsorten machten. Schließlich gelang es ihnen, ein ebenso leichtes und glänzendes Porzellan herzustellen wie die Meißner.
Sie arbeiteten mit Malern und Bildhauern zusammen, die immer neue farbige Figuren und Bilder entwarfen. Bald sprach es sich herum, daß die bemalten Geschirre, Vasen, Tabakdosen und Stockknöpfe aus Fürstenberg zu den besten gehörten. Der Herzog selbst bestellte sich ein großes Service, auf dem alle Dörfer, Städte und Landschaften seines Herzogtums naturgetreu abgebildet sein sollten. Auch seine Bergwerksarbeiter aus dem Harz sollten bei der Arbeit dargestellt werden.
Das war damals etwas ganz Neues, weil als Porzellanbilder nur Phantasielandschaften mit schön gekleideten Schäferinnen und Schäfern beliebt waren. Das vergoldete Geschirr für den Herzog bestand aus fast 200 Teilen. Heute werden einzelne Stücke davon in Museen ausgestellt.
Im Laufe der Zeit haben immer andere Künstler mit neuen Ideen Porzellan für Fürstenberg entworfen. Könige aus vielen Ländern, die Geschirr in großen Mengen brauchten, und reiche Millionäre wurden die besten Kunden. Später konnten sich auch die wohlhabenden Bürger in Deutschland die kunstvollen Stücke leisten.
Das Museum im Schloß Fürstenberg zeigt die früher besonders beliebten Figuren: eine lustige Flohsucherin, springende Pferde und die Köpfe berühmter Männer, naturgetreu nachgebildet. Daneben wertvolles Gebrauchs-Geschirr, Vasen und moderne Services.
Heute erleichtern Maschinen und Gasbrennöfen die Herstellung. Doch alle feinen Arbeiten sind immer noch Handarbeit. Daher spricht man auch von einer Porzellanmanufaktur und nicht von einer Porzellanfabrik.

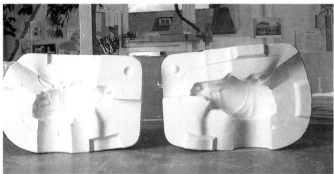

oben: Herr Bitterberg entwirft, zeichnet und modelliert das Niedersachsenroß

Mitte: Hohlform des Pferdekopfes

unten: Neben den Einzelformen müssen auch die Stützen und die Standplatte mitgebrannt werden

oben: Das fertige Produkt und die Entwurfszeichnung im Hintergrund

unten: Jede Figur besteht aus vielen Einzelteilen, die in gesonderten Formen gegossen werden. Das Originalmodell liegt hier in seinen Einzelteilen auf dem Teller. Auch das Gebiß wird einzeln gegossen.

Friedland - Lager der Hoffnung

Wo Menschen Zuflucht finden

Täglich kommen in dem kleinen Dorf Friedland bei Göttingen Aussiedlerfamilien aus Polen, der Sowjetunion und anderen östlichen Ländern an. In den Gebäuden des Lagers, aber auch in Turnhallen und anderen Notunterkünften, werden sie erst einmal untergebracht. Helfer vom Roten Kreuz, von der Caritas, der Inneren Mission und der Arbeiterwohlfahrt versorgen sie mit allem, was sie am nötigsten brauchen. Die Aussiedler bekommen auch etwas Geld für kleine Einkäufe.

Einige Tage oder Wochen dauert es, bis sie die Genehmigung bekommen, für immer bei uns zu bleiben. Wenn sie endlich an dem Ort angekommen sind, wo sie wohnen können, beginnen für sie die großen Schwierigkeiten.

Viele Erwachsene und die meisten Kinder sprechen nur wenig oder gar kein Deutsch. Deshalb fühlen sie sich fremd und schief von der Seite angesehen.

Monate oder Jahre kann es dauern, bis sie sich endlich eingelebt haben, bis sie neue Freunde finden und sich heimisch fühlen.

In Friedland werden seit 1945, als der zweite Weltkrieg zu Ende ging, Flüchtlinge aufgenommen. Die ersten kamen aus dem Osten Deutschlands, wo sie ihre Heimat verlassen mußten. Im Drei-Länder-Eck der sowjetischen, britischen und amerikanischen Besatzungszone strömten sie von Thüringen her über die Grenze, Friedland war nämlich die erste Bahnstation auf westlicher Seite: Mütter mit kleinen Kindern, Alte und Kranke. Ausgezehrt und gezeichnet von Angst, Hunger und Not.

Oft hatten sie das wenige Gepäck, das sie mitnehmen durften, auf der Reise verloren. Deutschland war damals das Land der wandernden Flüchtlinge, Vertriebenen und Heimkehrer.

Soldaten kamen aus der Kriegsgefangenschaft zurück, und auch andere Rückkehrer machten sich auf den Weg in ihre Heimat. Sie hofften, daß ihre Verwandten noch lebten und ihre Wohnungen nicht zerstört waren.

Heute kommen die Aussiedler mit der Bahn oder mit dem eigenen Wagen. Sogar mit dem Flugzeug treffen Flüchtlinge aus fernen Ländern wie Vietnam, Iran oder Kambodscha ein. Viele tausend Kilometer haben sie zurückgelegt, um bei uns in Sicherheit leben zu können.

Ob sie wissen, daß auch Deutschland einmal ein Land mit Millionen Heimatlosen war? Viele Menschen aus aller Welt haben damals den deutschen Flüchtlingen geholfen, die schlimme Zeit zu überleben. In der Chronik von Friedland ist etwas darüber aufgeschrieben.

Was wohl die Zukunft bringt?

Aus der Geschichte Friedlands

1945: In den Schweineställen eines Gutshofes finden viele tausend Flüchtlinge ihre erste Unterkunft. Irgendwann im September wird auf dem blanken Acker eines Feldes das Lager errichtet.
Ohne ein Dach über dem Kopf stehen die armen Menschen auf den Lagerwegen in Wasser und Schmutz. Zu essen gibt es nur etwas Brot und schlechte Marmelade.
1946: Der Lagerpfarrer schreibt: "Von Dorf zu Dorf bin ich gefahren, habe ein Auto voll Kartoffeln zusammengebettelt oder mit den eigenen Händen ausgebuddelt. Wenn ich den armen Menschen am Abend die Kartoffeln gekocht geben konnte, waren sie glücklich".
Im Januar werden die ersten Baracken für die Flüchtlinge und ihre Helfer aufgestellt. Zu den Mahlzeiten kommen 100 bis 120 Menschen. Sie haben nicht einmal Eßgeschirr.
Die Bauern vom Eichsfeld bringen ihnen etwas zu essen. Auch aus Schweden, Amerika, der Schweiz und vom Papst aus Rom kommen Spenden.
1947: Aus Kleidersammlungen bekommt jeder Flüchtling etwas zum Anziehen.
1948: Zu Weihnachten stapeln sich so viele Geschenkpakete, daß die Helfer sie bis zum Heiligen Abend nicht alle auspacken können.
1951: Die Holländer schenken neue Baracken und die Schweden ein großes Holzhaus, in dem ein Kindergarten eingerichtet wird. Junge Belgier, Franzosen, Holländer, Schweizer und Deutsche bauen ohne Bezahlung 63 Häuser für 100 Familien.
1956: Die letzten Züge mit deutschen Kriegsgefangenen aus Rußland kommen an.
Die Baracken werden durch feste Häuser für den Kindergarten, das Jugendhaus, die Unterkünfte, Aufenthaltsräume, Kleiderlager und Wohnungen mit Büros für Helfer ersetzt.
1957: 20 Millionen D-Mark Bargeld und noch einmal so viel an Spenden wurden bisher gesammelt. Doch es hat nie gereicht, um die Neuankommenden mit dem Nötigsten zu versorgen.
Kirchenglocken aus dem Osten werden im Lager aufgehängt. Sie begrüßen nun die Neuankömmlinge.
1978: Flüchtlinge aus Ostasien, die Vietnamesen, treffen mit Flugzeugen ein. Sie sind mit Booten aufs Meer geflohen und von Schiffen aufgenommen worden. "Bootsmenschen" (boatpeople) werden sie genannt. Einige tausend finden in Niedersachsen eine neue Heimat.
1989/90: Zigtausende von Aussiedlern aus Osteuropa strömen in die Bundesrepublik. Die Kinder der Aussiedler aus Polen sprechen kein Wort Deutsch. Sie können ihre eigenen Verwandten nicht verstehen, die schon vor Jahren in die Bundesrepublik gekommen sind.
Auch in der DDR erzwingen im Herbst 1989 mehrere tausend Menschen ihre Ausreise. Ein Teil von ihnen wird vorübergehend in Friedland aufgenommen.

Der Harz

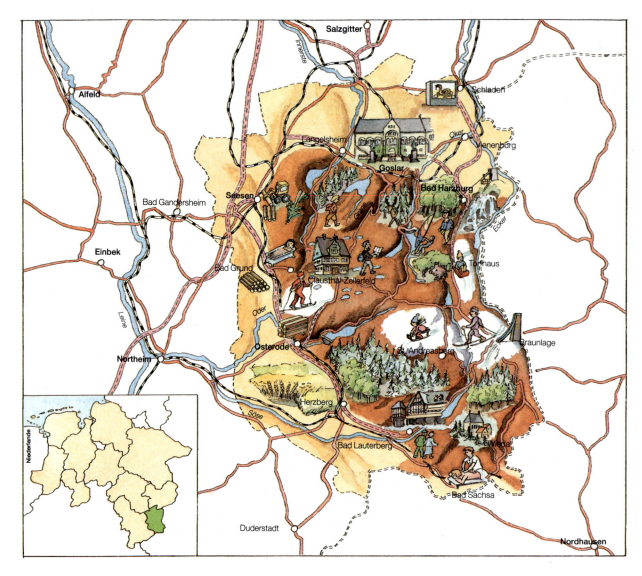

Zu jeder Jahreszeit eine Reise wert

Vergleicht man auf einer Straßenkarte das Harzgebiet mit einer der Nachbarregionen, so fällt auf, daß die Straßen nicht so gradlinig verlaufen. Das ist ein Hinweis auf das Gebirge; ein Gebirge mit großen Nadelwäldern, Wasserflächen und kleineren Städten.
Der Harz ist als das nördlichste deutsche Mittelgebirge ein beliebtes Ausflugsziel. Viele Bewohner leben heute vom Fremdenverkehr.
Mit Sport und Erholung zu jeder Jahreszeit werben Hotels, Pensionen und Freizeiteinrichtungen.
Im Sommer und Herbst finden sich Kurgäste und Wanderfreunde ein, unter ihnen viele Holländer und Dänen. Ab Januar, manchmal schon im Dezember, bis in den April hinein kommen Rodler und Skiläufer auf ihre Kosten.
Im gesamten Oberharz gibt es ein dichtes Loipennetz. Das sind die gespurten Wege für Skilangläufer. Sie führen durch tiefverschneite Wälder, an Waldschneisen entlang und folgen Wanderwegen. Weil die Hochmoore zu sehr gelitten haben, sind sie seit einigen Jahren gesperrt.
Der Harz ist ein wasserreiches Gebirge. Seine Talsperren liefern auch entfernten Großstädten Trinkwasser.
Noch vor 100 Jahren war der Erzbergbau die Arbeitsstätte vieler Harzbewohner.
Etwas über ihre schwere körperliche Arbeit erfährt man in den Bergbaumuseen von Clausthal-Zellerfeld und St. Andreasberg.
Der Holzreichtum gab den Köhlern Arbeit und Brot, dennoch waren die meisten Menschen sehr arm.

Bilder rechte Seite:
oben links: Dachlandschaft von Goslar
rechts: Die Stabkirche in Hahnenklee
unten: Langlaufspaß und kranke Wälder

Niedersachsen für Kinder und Kenner / Harz

Wintersport

Zum Wintersport nach St. Andreasberg

Aus dem Tagebuch von Rolf

16.12.1988
Ausnahmsweise durfte ich heute dabei sein, als mein Weihnachtsgeschenk eingekauft wurde. Schließlich sollten Skischuhe und Skier für meine Größe passen. "Langlauf oder Abfahrtslauf?", fragte der Verkäufer. Nachdem Vater die Preise für beide Ausrüstungen gehört hatte, war ihm klar, daß es nur Langlauf sein konnte.

02.01.1989
Schon die Anreise war ein Abenteuer. Bis Bad Harzburg lief alles ohne Probleme, aber in den Steigungen vor Torfhaus kamen wir ins Rutschen.
Schneeketten hatten wir mit. Doch die zu montieren, erwies sich schwieriger als angenommen. Zwei lasen die Gebrauchsanleitung, die anderen beiden versuchten, danach zu verfahren, was erst beim dritten Versuch gelang.

03.01.1989
Ferien und dennoch in die Schule? Halb so schlimm, auf dem Stundenplan stand Langlauftechnik.
Es begann mit dem richtigen Gleiten und dem Gebrauch der Skistöcke. An einem sanften Hang, auch Idiotenhügel genannt, lernten wir dann die richtige Haltung und vor allen Dingen das Bremsen.

04.01.1989
Heute war Rodeltag. Das gab andere Geschwindigkeiten als zu Hause am alten Bahndamm! So schön das Tempo bergab war, so schwer ging es bergauf. Da beneidete ich die Abfahrtsläufer am anderen Hang, die sich gemütlich mit dem Schlepplift nach oben ziehen ließen.

05.01.1989
Der heutige Tag war weniger aufregend, obwohl wir auch Schlitten fuhren. Nur ließen wir uns diesmal ziehen, und zwar von Pferden. Auch der Schlitten ähnelt nicht dem Rodelschlitten, sondern eher einer Pferdekutsche. Warm eingepackt gleitet man durch den verschneiten Wald.
Mit Erlaubnis des Kutschers stellten wir uns hinten auf die Kufen, sprangen ab, liefen nebenher.
Geschicklichkeit erfordert es schon, während der Fahrt wieder die Kufen zu erwischen.

06.01.1989
Heute am letzten Tag nahmen wir uns Zeit für das Museumsbergwerk "Grube Samson". Zuerst erklärte uns der Führer das Wappen der Bergstadt.
Die Wappenausschnitte oben links und unten rechts sind Hinweise auf die Fürstenhäuser, die in früheren Jahrhunderten hier geherrscht haben.
Die anderen beiden Felder des Wappens geben Auskunft darüber, womit die Bevölkerung ihren Lebensunterhalt verdiente, nämlich im Bergbau. Die gekreuzten Hämmer als das Werkzeug und der heilige Andreas als Schutzheiliger stehen dafür im Stadtwappen. Würde man heute ein Wappen entwerfen, nähmen diese Felder Wintersportgeräte ein, denn St. Andreasberg lebt im Winterhalbjahr vom Wintersport.
Sehr interessant war der Aufenthalt in der Grube Samson. Man bekommt einen Eindruck davon, wie schwer die Arbeit Untertage gewesen sein muß. Wie geschickt die Wasserkraft für die sogenannte Fahrkunst, eine Art Fahrstuhl, genutzt wurde, beeindruckt heute noch.

Das Wappen an der Grube Samson

Der Eingang zur Grube Samson

Holzkirche in Clausthal-Zellerfeld

Kilometerweit auf Langlaufbrettern

Jetzt konnte die Skifreizeit für uns beginnen. Wir waren zwischen sieben und zwölf Jahre alt und - alles Anfänger. Skischuhe und die Bretter hatten uns unsere Betreuer schon verpaßt, und nun sollten wir lernen, uns "verkehrsgerecht" auf den Loipen zu bewegen. Loipen - so nennt man die Wege für Langläufer. Damit sie es bei Pulverschnee nicht so schwer haben, gibt es maschinengespurte Loipen. Mit einem dafür ausgerüsteten Kettenfahrzeug werden im Abstand beider Skibretter Spuren gezogen, und zwar in jeder Richtung zwei. Eine ist dann als Überholspur gedacht. Weil die Loipen stark befahren sind, müssen die Skiläufer Verhaltensregeln beachten.

Vier davon sollten wir erst kennenlernen, bis sie uns loslassen könnten, meinten lachend unsere Betreuer:
• Wahl der Spur: Benutzen der rechten Spur bei doppel- und mehrfachspurigen Loipen
• Überholen: rechts und links in freier Spur oder außerhalb der Spur möglich
• Stockführung: bei allen Begegnungen sind die Stöcke dicht am Körper zu halten
• Anpassen der Geschwindigkeit: auf jeden Fall muß ein Sicherheitsabstand gehalten werden.

Nach einem Übungsvormittag durften wir unseren "Führerschein" machen. Ich hatte besonders Probleme mit der Geschwindigkeit und mußte zu häufig mit der "Bakkenbremse" stoppen, denn das richtige Abbremsen will erst gelernt sein. Dafür war der "Idiotenhügel", ein sanfter Abhang, da. Schon am zweiten Tag zahlte sich das Üben aus. Auf einer Loipenstrecke mit geringem Gefälle kamen wir mit Ausnahme einiger unfreiwilliger Pausen gut voran.

Wir kamen alle ganz schön ins Schwitzen. Entgegen dem Rat des Betreuers hatte ich unter der Trainingsjakke einen dicken Pullover anbehalten. Es war ja auch schön kalt beim Start, aber schon nach einer halben Stunde wurde der Pullover entbehrlich.

Gegen Ende der Freizeit machten wir Geländespiele. Wir mußten uns nach der Loipenkarte orientieren und durften auch ungespurte Abkürzungen wählen. Unsere Gruppe war gut in der Zeit und stand jetzt vor einem weiten Bogen. Vor uns aber eine weite ebene Fläche - die ideale Abkürzung! Doch wir kamen nicht weit! Ein gelbes Schild mit der Aufschrift "Naturschutzgebiet" gebot uns umzukehren. Die Hochmoore stehen unter Naturschutz.

Der Wald stirbt

Abgasschäden an Buchenblättern

Walderkundung

Zuerst stirbt der Wald ...

Vom Waldeinsatz in Braunlage zurück, stellen die Mädchen und Jungen der Klasse 8 ihre Berichtsmappe zusammen.
Den Deckel ziert der Titel. "Zuerst stirbt der Wald ...", aus gepreßten Gräsern und Blättern kunstvoll gestaltet. Heute geht es um die Auswahl von Fotos. Mindestens 30 sind auf dem großen Tisch ausgebreitet. Im ersten Durchgang werden die beiseite gelegt, die zwar schöne Erinnerungsfotos sind, aber kaum etwas zum Thema aussagen.
An die erste Stelle ihres Berichtes setzen sie das Bild einer gesunden Fichte und daneben das einer bereits erkrankten. Man erkennt die Erkrankung an der einsetzenden Vergilbung der Nadeln. Klaus kriegt es auch noch genau hin, den Standort auf der Karte zu zeigen. Zunächst war es ihnen so ergangen wie den meisten Wanderern. Alles grün - von Schaden keine Spur. Erst die Hinweise des Forstbeamten veranlaßten sie, sich die Zweige der Fichte näher anzusehen. Und da sahen sie, daß die zwei- bis sechsjährigen Nadeln gelb waren, während die Krone noch grün erschien. Neben diesen beiden Bildern wählen sie noch die von erkrankten Kiefern, Buchen und Eichen aus, denn im unteren und mittleren Gebirgsteil gibt es auch Mischwälder.
"So, das genügt, damit ist bewiesen: Wir bilden uns die Waldschäden nicht ein, nur weil es schick ist, Naturschützer zu sein. Diese Schäden sind da. Man würde sie noch deutlicher sehen, aber die nicht mehr zu rettenden Bäume werden gefällt, damit das Holz noch zu verwenden ist", kommentiert Jörg. "Originalton Förster", ergänzt Karsten.
"Wißt ihr noch?" läßt sich Lars vernehmen und verweist auf Bilder, wo sie aussehen wie Müller oder Bäcker - total mit weißem Staub bedeckt.
Das war eine Aufregung und ein Spaß gewesen, als das Düngefahrzeug sich der müden Gruppe näherte. Alle dachten ans Mitfahren und stellen sich an den Wegrand. Da schaltete der Fahrer das Gebläse an und grinste. Eine dichte Kalkwolke hüllte sie ein. "So werden wir wenigstens nicht sauer", fand wie immer Lars seinen Humor wieder - "was gut für den Boden ist, kann auch uns nicht schaden". Dennoch wollten sie hier keine Wurzeln schlagen. Im

Woran der Wald stirbt

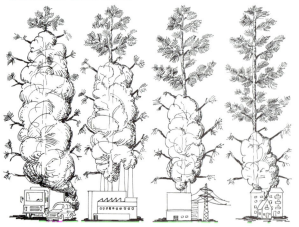

Borkenkäferfallen

Kranker Wald...

... wird gerodet

Eiltempo ging es nach Hause und - unter die Dusche!
"Hier weiß ich eine feine Überschrift - so richtig abenteuerlich", meint Maren und weist auf ein Bild mit einer Vorrichtung, die dem Hausbriefkasten eines Hochhauses ähnelt. "Fallensteller" platzt sie heraus und sieht sich triumphierend um. "Und nicht einmal unwahr", läßt sich Karsten vernehmen. "Das ist doch Fallenjagd - Borkenkäferfallen! Die Duftstoffe sind doch ebenso Köder wie ein Stück Fleisch ... Ja die Liebe, die macht den Menschen wie den Auerhahn so blind", summt er leise vor sich hin und erntet dafür von Kirsten einen Schlag mit dem verknoteten Schal. Er tut beleidigt und verteidigt sich: "Na stimmt doch! Nur weil ihn der Duftstoff des Weibchens verwirrt, tappt er in die Falle". Das Bild mit der Borkenkäferfalle ist gecheckt. Es gehört auf jeden Fall zum Thema; denn was mit der Schädigung durch sauren Regen beginnt, setzt der Käfer durch Zerstörung von Borke und Holz fort.
"So, nun noch ein Bild von der Arbeit. Es heißt doch Waldeinsatz. Bis jetzt könnte man meinen, wir wären nur spazierengegangen. Hier, das sieht doch schön nach Arbeit aus." Das Bild zeigt Jugendliche beim Pflanzen von Setzlingen. "War harte Arbeit", bemerkt Jörg und weist auf seine Schwielen. "Und immer diese Entscheidungen!" Alle lachen und erinnern sich an den Witz des Försters.
Jeder von ihnen hatte ein Bündel mit Setzlingen unterschiedlicher Baumart. Wenn das Pflanzloch ausgehoben war, rief der Förster "Fichte oder Kiefer oder Buche oder Kirsche!", und wer die Sorte verwaltete, mußte dann den Setzling pflanzen.
"Weißt du noch, wie der Förster zu deiner Artenkenntnis sagte, du hättest nur Vogeltrittholz anzubieten", sagte Kirsten, zu Karsten hingewandt. "An und für sich war das Arbeiten angenehm im Schatten der hohen Schirmbäume. Wir hätten sonst ganz schön schwitzen müssen. Der Förster meinte damals, die Vorteile, in einem lichten Altbestand sich aufzuhalten, könnten wir schon ausprobieren, – denn genauso schützt der alte Baumbestand die jungen Setzlinge vor Hitze und Kälte und natürlich vor dem sauren Regen, sowohl die Blätter als auch die Wurzeln", faßte Jörg zusammen. "Du, das ist fast druckreif, das setzen wir als Erklärung unter das Bild", stellt Lars, der Spezialist für überflüssige Arbeit, fest.

Bäume ohne Widerstandskraft

Verwachsungen

Borkenkäferlarven

Niedersachsen für Kinder und Kenner / Harz

Wasser ist kostbar

Der Granestausee aus der Luft

Badewasser trinkt man nicht

Die Wandergruppe wandert nach der Karte durch den Harz. Nach einem Tag Goslar sind alle pflastermüde. Bei dem warmen Wetter, das Thermometer steht immerhin bei 20 Grad Celsius, wäre auch eine Abkühlung ganz angenehm. An größeren Gewässern fehlt es nicht.
Gewiß lohnende Ziele für die restlichen drei Tage, bis es per Bahn von Goslar wieder heimwärts geht. Am nächsten liegt die Okertalsperre. Langgestreckt und durch eine dicke Mauer talwärts abgesperrt.
So, nun aber nichts als hinein ins kühle Naß. Doch merkwürdig ist es schon - sie sind die einzigen Badegäste!
Auf der Suche nach einem schattigen Liegeplatz stoßen sie auf ein Schild: "Baden verboten!" "Was soll das, wir können doch schwimmen", empört sich Jan. "Das muß andere Gründe haben", wirft Meike ein, "aber fragen wir doch da oben im Gebäude." "Sieht aus wie eine Fabrik", meint Annette, "Steht ja auch dran - Wasserwerk!"
Am Pförtnerhäuschen tragen sie ihr Anliegen vor. "Woher kommt Ihr? Aus Göttingen? Das paßt ja gut, einen großen Teil Eures Trinkwassers bekommt Ihr aus einer der Talsperren hier im Harz und ehrlich, möchtet Ihr das eigene oder fremdes Badewasser trinken?"
Ute schüttelt sich schon allein bei dem Gedanken an solch eine Möglichkeit. "Wenn es Euch interessiert, könnt Ihr Euch die Schautafeln da drinnen ansehen."
Der Pförtner weist auf einen Raum, der reich mit Schautafeln und Wandbildern ausgestattet ist. Gerd hat sich schnell an der Karte über die Fernwasserleitungen informiert.
"Hier hätten wir trotzdem baden können, denn Göttingen wird aus der Sösetalsperre mit Wasser versorgt".
"Du Egoist", empört sich Heike, "so selten, wie Du Dich wäschst, würde man die Okertalsperre mit dem Schwarzen Meer verwechseln". Alle lachen, Gerd auch.
Jan winkt die Gruppe zu einer Schautafel "Fremdenverkehr an den Talsperren". "Ich habe mich schon informiert, mit Baden ist nichts, aber Wassersport ist außer auf der Söse-, Ecker- und Granetalsperre, wo das Wasser zur Trinkwasseraufbereitung entnommen wird, erlaubt.
Dort darf beispielsweise gesegelt werden, und bei unserem Können kommen wir da auch leicht zu einem Bad".

Land unter

So würde es auf den Halligen in der Nordsee heißen, wenn nur noch die Warften aus dem Wasser lugen.
Hier aber handelt es sich nicht um die Nordsee, sondern um das Harzvorland bei Northeim. Wenn es lange und ergiebig regnet, werden die Harzflüßchen zu reißenden Bächen und treten über ihre Ufer. Sie überschwemmen weite Flächen.

Heute ist das aber erst der Fall, wenn die Talsperren überlaufen. Als es die noch nicht gab, waren Frühjahrs- und Herbsthochwasser an der Tagesordnung.
Die Überschwemmungskatastrophen vor ca. 60 Jahren führten zum Bau der Talsperren, durch die ein großer Teil des abfließenden Wassers der Oberharzflüsse abgefangen wird.
Aus den Sperrwerken läßt man es dann so abfließen, daß der Unterlauf die Mengen fassen kann.

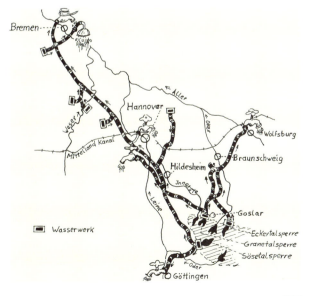

Bild oben: Taucher bergen bei einer Reinigung Müllsäcke aus der Okertalsperre

Mitte links: Frühjahrs-Überschwemmungen der Leine in der Nähe von Northeim

Mitte rechts: Eine trockengefallene Talsperre im Sommer

rechts: Das Schaubild zeigt das Harzer Fernwasserleitungs–Netz

Niedersachsen für Kinder und Kenner / Harz

Silberbergbau

Stollen im Rammelsberg

Kupfervitriol

Achthundert Meter Untertage

Jürgen M. hatte es übernommen, den Haushalt seines Onkels aufzulösen. Auf dem ausgezogenen Eßzimmertisch sortierte er den Inhalt von Schubladen. Seine besondere Aufmerksamkeit richtete sich auf eine Münze.
Er konnte feststellen, daß es sich um einen Andreastaler, eine in St. Andreasberg geprägte Münze handelte.
Sein Interesse war geweckt. Es fanden sich alte Fotos, Briefe, vergilbte Notizen. Jürgen fand heraus, daß seine Vorfahren über Generationen als Bergleute in den Silbergruben des Oberharzes ihren Lebensunterhalt verdient hatten. Und noch etwas stellte er fest: die männlichen Vorfahren waren im 18. Jahrhundert kaum älter als 40 Jahre geworden.
Die Gründe wurden ihm klar, als er in Museen und Bibliotheken weiterforschte. Sie waren einst aus dem Erzgebirge hierher gezogen, weil sie sich ein besseres Leben erhofften.

Doch wie sah dieses Leben aus?
Stück für Stück setzt er sich den Alltag seiner Vorfahren zusammen. 61 Stunden verbrachten sie pro Woche ununterbrochen Untertage, denn der stundenlange Ab- und Aufstieg über Leitern war beschwerlich. Die später entwickelte, durch Wasserkraft betriebene Fahrkunst bedeutete da schon eine große Erleichterung.
Und wie sah die Arbeit Untertage aus?
Mit Feuersetzen und ab dem 17. Jahrhundert mit Sprengungen wurden große Gesteinsbrocken abgesprengt, die mit einfachem Werkzeug zerkleinert werden mußten. Eine harte Arbeit bei feuchter, schlechter Luft und kargem Essen. Die Nutzung der Wasserkraft erleichterte das Los der Bergleute etwas.
1350 schlug die Pest zu, die Bergstädte wurden entvölkert, und der Erzbergbau kam vorübergehend fast zum Erliegen. Das konnte Jürgen an den Aufzeichnungen über Fördermengen ersehen.
Mit geschärftem Auge und durch Nachfragen konnte er

Ein Wasserrad betrieb die Fahrkunst. Der Fahrstuhl funktioniert wie ein Paternoster

die Spuren der Vergangenheit Übertage finden. Unmengen von Holz zehrten die Sprengfeuer und die Kohlenmeiler auf, wo die Holzkohle zur Verhüttung der Erze gewonnen wurde.
Die Wälder des Oberharzes wurden abgeholzt und die Kahlflächen mit der schnellwachsenden Fichte aufgeforstet.
Sehr beschwerlich war es für die Bergleute, zu den Stollen zu gelangen. Ursprünglich mußten sie Leitern benutzen. Um nicht Stunden für Ein- und Aufstieg zu verlieren, blieben sie oft tagelang unten. Die Fahrkunst, die durch Wasserräder angetrieben wurde, bedeutete da schon eine große Erleichterung.
Sie funktionierte wie die ersten Fahrstühle. Man mußte den Zeitpunkt abwarten, wo sich die beiden Trittbretter begegneten und dann umsteigen. Die ganze Anlage besteht aus zwei Gestängen, die durch Wasserkraft angetrieben, sich nach oben oder unten bewegen.

Silber für des Kaisers Kriegskasse

Mit Kaiser Heinrich III. war Ritter Kunibert mehr als einmal nach Goslar in die Kaiserpfalz gekommen, kannte sich also hier aus. Am Kaminfeuer fanden sich Ritter aus vielen Gegenden Deutschlands ein.
Sie waren dem Ruf des Kaisers zum Heerbann gefolgt. Kunibert konnte gut erzählen und schmückte seine Erzählungen so aus, daß alle gern zuhörten. Manchmal ging er auch etwas zu größzügig mit der Wahrheit um. So, wenn er von den großen Sälen und besonders dem Wohngemach sprach, das er sicher selbst nie betreten hatte. Und natürlich durfte nie die Sage von der Silberader am Rammelsberg fehlen.
Er erzählte, als sei er selbst dabeigewesen, als der Ritter Ramm beim Verfolgen eines waidwunden Hirsches durch Zufall die Silberader entdeckte. Ihr Reichtum ermöglichte auch den Bau der Kaiserpfalz, die heute noch das Wahrzeichen der Stadt Goslar ist. Er übertrieb nicht, wenn er den Rammelsberg den Schicksalsberg der Kaiserpfalz nannte. Immer wieder wurden Kriege um seinen Besitz geführt. Stolz wies Kunibert auf vernarbte Wunden, die er bei Überfällen davongetragen hatte.
Zu schützen hatte der Ritter Kunibert aber auch die Silbertransporte, die die Kriegskasse seines Kaisers füllten.
Was würde Kunibert wohl sagen, wenn er jetzt nach 1000 Jahren vom Ende des Silberbergbaus im Rammelsberg erführe. Vielleicht wäre er dann gern Fremdenführer in einem Bergwerksmuseum, wie es in Goslar einrichtet ist. Sicher könnte er die Touristen genauso gut unterhalten wie einst seine Ritterkollegen.

Die Kaiserpfalz in Goslar

Hannover und seine Umgebung

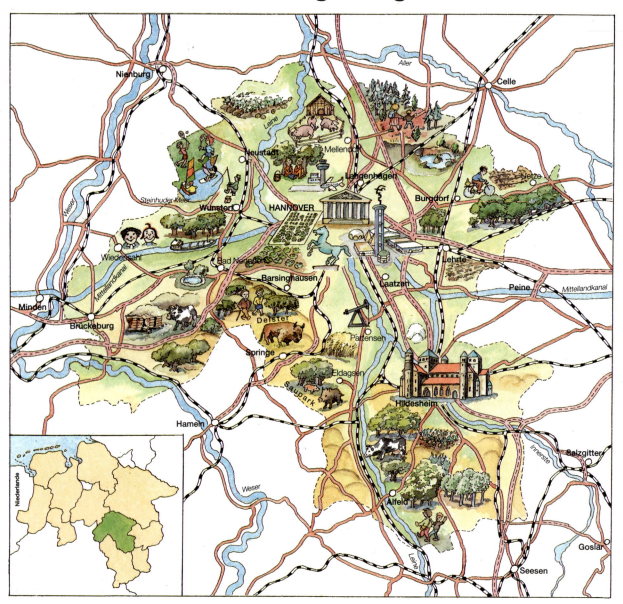

Verkehrs- und Handelszentrum Hannover

Seit in Hannover 1847 einer der ersten Durchgangsbahnhöfe Europas fertiggestellt wurde, kreuzen sich hier viele große Bahnlinien. Sie verbinden Hannover mit Süddeutschland und Hamburg, mit Berlin und dem Ruhrgebiet. Damals wurde es möglich, die Rohstoffe und Bodenschätze aus der Umgebung leicht heranzutransportieren: Kalk, Kohle, Eisenerz und Zuckerrüben. Fabriken wurden gebaut, die in großen Mengen eine Vielzahl verschiedener Produkte herstellten. Mit der Bahn konnten die Waren dann zu den Abnehmern gebracht werden.

Vom Lande strömten die Menschen in die Stadt, weil sie hier mehr Geld verdienen konnten. Innerhalb der letzten 100 Jahre ist die Bevölkerung der Stadt von 55 000 auf über 500 000 angestiegen.

So wurde Hannover zur Großstadt. Im Norden liegt ein wichtiges Industriegebiet am Nordhafen des Mittellandkanals. Autos, Reifen, Bekleidung, Bürobedarf, Nahrungs- und Genußmittel, die hier hergestellt werden, transportiert man längst nicht mehr nur mit Schiffen oder Lastwagen zu den Abnehmern. Vom Flughafen Langenhagen, dem größten in Niedersachsen, werden auch Güter mit Flugzeugen befördert. Alle großen Fluggesellschaften fliegen ihn an. Viele Fluggäste starten von hier zu Geschäfts- und Urlaubsreisen in alle Welt.

Eine besondere Bedeutung hat Hannover als Messestadt erlangt. Alljährlich treffen sich auf dem riesigen Messegelände bei verschiedenen Messen Kaufleute und Hersteller, um ihre neuesten Produkte auszustellen.

Stadt und Umland

Für mehr als eine Million Menschen ist Hannover Einkaufs- und Arbeitszentrum. Die meisten von ihnen leben im Umland.
Mit Eisenbahnen, Bussen und Straßenbahnen können sie die Großstadt schnell und bequem erreichen. Obwohl Hannover eine Stadt im Grünen ist, die zu einem Drittel aus Grünflächen, Parks, Sportanlagen und Seen besteht, zieht es die Großstädter in ihrer Freizeit nicht nur zu den Erholungsgebieten am Maschsee, sondern auch ins Wietzetal bei Burgwedel, ans Steinhuder Meer oder in die Waldgebiete des Deisters, wo sie Ruhe und Entspannung finden.
Die wichtigste gemeinsame Aufgabe für Stadt und Umland ist die Reinerhaltung der Luft, des Wassers, des Bodens und die Bekämpfung des Lärms.
Früher zogen die Menschen vom Land in die Stadt, weil es hier genügend Arbeitsplätze gab.
So erreichte Hannover 1960 einmal eine Einwohnerzahl von über 600 000.
Inzwischen zieht es die Großstädter aufs Land. Sie wollen dem Verkehrslärm, der Luftverschmutzung und Hektik der Einkaufszentren entfliehen. Auf dem Land können sie billiger, ruhiger und gesünder leben.

Landeshauptstadt Hannover

Oft fahren die verantwortlichen Frauen und Männer zu einem Ministerium nach Hannover, um Hilfe zu bekommen, wenn in ihrer Stadt oder Gemeinde große Probleme zu lösen sind wie der Bau eines Krankenhauses, die Einrichtung oder Zusammenlegung von Schulen und Kindergärten oder die Versorgung von alten Menschen, Arbeitslosen und Flüchtlingen.
Von Hannover aus wird das Bundesland Niedersachsen regiert. Hannover ist die Landeshauptstadt.
In den Gebäuden der Ministerien arbeiten viele Menschen, die sich in ihren einzelnen Fachgebieten gut auskennen. Jedes Ministerium wird von einem Minister oder einer Ministerin geleitet. Im Kultusministerium kümmern sich die Fachleute um die Schulen, im Sozialministerium um die Belange z.B. von Krankenhäusern, Altenheimen und Kindergärten. Die Umweltministerin ist für den Schutz der Natur, die Reinhaltung von Luft und Wasser verantwortlich. Der Wirtschaftsminister muß versuchen, neue Arbeitsplätze einzurichten. Der Finanzminister hat das notwendige Geld aus den Steuern gerecht zu verteilen.

Hannovers Innenstadt aus der Vogelperspektive

Niedersachsen für Kinder und Kenner / Hannover

In Hannover gibt es viel zu entdecken

Aus der Geschichte der Landeshauptstadt

Vor tausend Jahren gab es am "Hohen Ufer" an der Leine eine Siedlung. Sie hieß in der alten Sprache "hohen overe". Aus diesem Namen entstand Honovere, Hanovere und schließlich Hannover.

Die Leine war in der Nähe der Siedlung so flach, daß man mit Pferd und Wagen hindurchfahren konnte. So entstand hier eine Wegkreuzung von Norden nach Süden und von Osten nach Westen.

Die Furt lag dort, wo heute der Beginenturm steht.

1636 wurde Hannover die Hauptstadt des Fürstentums Calenberg. Schöne Schlösser und ein Opernhaus wurden gebaut und in Herrenhausen der prächtige Park angelegt.

Seit 1814 war Hannover die Hauptstadt des Königreichs Hannover. König Ernst August (1837 - 51) ließ breite Straßen bauen und große Gebäude errichten. Das Reiterstandbild vor dem Hauptbahnhof erinnert noch an ihn. Nach dem 2. Weltkrieg wurde Hannover die Hauptstadt Niedersachsens.

Die Altstadt

Im ältesten Teil der Stadt stehen interessante Gebäude: das frühere Rathaus, das ganz aus Backsteinen gebaut ist, die Marktkirche und die Kreuzkirche.

In der Burgstraße finden wir die ältesten Häuser. Sie sind 300 bis 400 Jahre alt. Die Altstadt hat unter den Bombenangriffen im 2. Weltkrieg (1939 - 1945) schwer gelitten. Die meisten Gebäude sind neu wiederaufgebaut worden. Nur die Aegidienkirche soll als Ruine stehenbleiben und als Mahnmal an den schrecklichen Krieg erinnern.

Am "Roten Faden" entlang, der durch die Straßen der Altstadt führt, können wir die wichtigsten Gebäude und Sehenswürdigkeiten besichtigen.

Museen in Hannover

Im Historischen Museum in der Altstadt finden wir vieles über die Geschichte der Stadt und des Landes.

Es wird gezeigt, wie das Leben früher war: Trachten, Schmuck, Kutschen, Oldtimer und Gebrauchsgegenstände des täglichen Lebens.

Die Bauernstuben dürfen wir betreten. Eine ganze Reihe verschiedener Bauernhöfe sind im Modell nachgebaut.

Über die Geschichte der Landschaft, der Pflanzen, der Tiere und der Menschen erfahren wir eine Menge im Niedersächsischen Landesmuseum in der Nähe des Maschsees. Wir können uns von einem Museumslehrer führen lassen. Er bietet verschiedene Themen an: Tierspuren, Tierkinder, Saurier, Versteinerungen, Kristalle oder auch Themen wie "Leben in der Steinzeit".

Im Sprengelmuseum sind viele Bilder und Skulpturen von berühmten Künstlern ausgestellt.

Wir können sie uns nicht nur ansehen, sondern auch danach malen und drucken.

Was in Hannover noch sehenswert ist

Im Zoo leben über tausend Tiere aus allen Teilen der Erde. Nach dem Krieg sind für sie große Freigehege und geräumige Tierhäuser angelegt worden.

In der Nähe des Maschsees finden wir das große Rathaus. Mit einem Lift können wir fast hundert Meter hoch auf die Kuppel fahren. Von dort haben wir einen herrlichen Blick auf die Stadt.

Ganz in der Nähe liegt der Maschsee, das Funkhaus des NDR und auch das Niedersachsenstadion.

Vielleicht können wir mit einem Rathausbesuch einen Rundgang um den Maschsee oder eine Bootsfahrt verbinden? – Und auch das Niedersachsenstadion ist zu besichtigen.

Das Niedersächsische Landesmuseum

Ein Flugsauriermodell wird präpariert

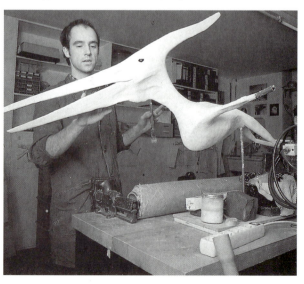

Bunte Blumenteppiche im Großen Garten

Die Herrenhäuser Gärten

Im Nordwesten Hannovers bauten sich die Fürsten ein Schloß mit einem besonders groß angelegten Garten.
Er wirkt mit seinen schnurgeraden Wegen und abgezirkelten Beeten wie ein riesiger Teppich. Dort gibt es auch einen Irrgarten, in dem man lange herumlaufen muß, um den Ausgang wiederzufinden.
Diesen wie mit einem Zirkel und Lineal gestalteten Garten nennt man einen französischen Garten.
Wir können auch den nebenan liegenden Georgengarten besuchen. Er hat geschwungene Wege, alte Bäume, Teiche und Büsche, hinter denen man gut Verstecken spielen kann.
Der Georgengarten ist ein englischer Park.
In der Nähe der Gärten wurde das Schulbiologie-Zentrum eingerichtet. Da können wir Pflanzen und Tiere beobachten, Versuche machen, spazierengehen und vieles in und über die Natur erfahren.
Ein Unterricht, der ganz anders ist.

Das Gartentheater im Großen Garten

Die Hannover - Messe

Wie es begann

Wie sah es in Deutschland aus, als der 2. Weltkrieg zu Ende ging?

In den Großstädten waren die meisten Häuser durch Bomben zerstört, deshalb mußten ganze Familien in einem oder zwei Zimmern leben. Doch am schlimmsten war für die Menschen der Hunger. So viel Geld sie auch hatten, sie konnten dafür kaum etwas kaufen.

Nahrungsmittel bekamen sie nur mit einer Lebensmittelkarte: Jede Woche etwas Brot, Fett, Wurst, Mehl und Gemüse. Das war natürlich schon nach wenigen Tagen aufgegessen. Nur auf dem Land gab es mehr zu essen. Die Großstädter zogen aufs Land, um ein paar Kartoffeln, etwas Getreide, ein Ei oder ein wenig Fett zu "hamstern", wie sie es nannten. Für ein Stück Butter bezahlten sie gerne 200 Reichsmark. Doch als es für Geld immer weniger zu essen gab, versuchten sie, ihre Wertsachen gegen Lebensmittel einzutauschen: Schmuck, Kleider und Pelze, Teppiche und gutes Spielzeug.

Die deutschen Politiker und die Beamten der Besatzungsbehörden wußten, daß es notwendig war, möglichst schnell die deutsche Wirtschaft wiederaufzubauen.

Daher entschloß man sich 1947, eine große Messe zu gründen, auf der die soeben aus den Trümmern entstandenen Firmen ihre Produkte zeigen konnten.

Bald war in allen Zeitungen zu lesen, daß vom 18. August bis zum 7. September in Hannover eine Exportmesse für ausländische Kaufleute stattfinden sollte. Nur 99 Tage blieben den Handwerkern und Arbeitern, die Fabrikhallen aufzubauen und Stände für 1300 Firmen einzurichten. Mehr als 4000 Menschen arbeiteten Tag und Nacht. Tatsächlich war zur Eröffnung alles fertig.

Besucher aus 53 Ländern trafen in Hannover ein und wurden in einem Zelt im Stadtzentrum am Kröpcke begrüßt. Der Platz wurde nachts mit der ersten wiederaufgestellten Straßenlaterne beleuchtet.

Und noch etwas Unerwartetes geschah: 700 000 Besucher drängten sich in den 21 Tagen in den Hallen. Die meisten waren Deutsche. Kaufen konnten sie nichts.

An den Ständen waren Schilder mit der Aufschrift angebracht: "Allein für den Export". Doch sie konnten sich nicht sattsehen an den vielen Dingen: dem ersten Kofferradio, einem zusammenklappbaren Kinderwagen, dem kleinsten Dieselmotor, einem Rennauto, an Puppen und Spielzeug, Schuhen, Wäsche, Schreibpapier, echt aussehenden künstlichen Zähnen, dem besten Mikroskop und vielen anderen Geräten und Waren.

Etwas gab es aber doch zu kaufen: ein Brötchen mit Fisch und ein Glas künstlichen Wein. Das lohnte schon den Besuch. Die Messe hatte einen unerwarteten Erfolg, denn mehr als 2 000 ausländische Gäste gaben Bestellungen auf. Das brachte über 70 Millionen Dollar. Nun wollten noch mehr Aussteller ihre Waren zeigen.

Deshalb wurde die Messe im nächsten Jahr wiederholt. Und so ging es weiter - Jahr für Jahr.

Die Hannover-Messe heute - das größte Schaufenster der Welt

In den ersten Jahren wurde eine eigene Messestadt gebaut und seither immer wieder erweitert.

Das Messegelände hat einen eigenen Bahnhof, einen Hubschrauberlandeplatz, ein Postamt, eine Krankenstation, ein Autokino, eine Kirche, ein Studio für Rundfunk und Fernsehen und viele Geschäfte für die eiligen Besucher.

Behinderte können sich kostenlos mit dem Taxi fahren lassen, und Elektrobusse bringen die Gäste zu den Ausstellungshallen. Mehr als 40 Gaststätten bieten Gerichte aus vielen Ländern an. In Schreibbüros können die ausländischen Besucher Briefe in ihrer Sprache diktieren. Ein Computer zeigt ihnen im Informationszentrum auf Knopfdruck, wo sie finden, was sie interessiert.

Längst reicht eine Messe im Jahr nicht mehr aus.

Neben der Industriemesse steht die große Messe mit neuesten elektronischen Geräten, Computern und Büroeinrichtungen und eine Messe für Maschinenbau.

Tierzüchter, Pferdefreunde, Zahnärzte und Lehrer halten hier ihre Messen ab. Jedes Jahr wird Neues gezeigt. Und jedesmal werden viele Stände neu aufgebaut. Die schönsten bekommen einen Preis.

Wie 1947, als alles begann, nehmen die Hannoveraner ihre Gäste gut auf. Während der großen Industriemessen sind alle Hotels und Pensionen in der Stadt und im Umland belegt.

Und sämtliche Parkplätze der Messestadt sind ständig besetzt, weil sich eine halbe Million Besucher das "größte Schaufenster der Welt" ansehen möchten.

linke Seite: Riesenandrang zur ersten Exportmesse auf dem hannoverschen Messegelände 1947

oben rechts:
Das Messegelände heute

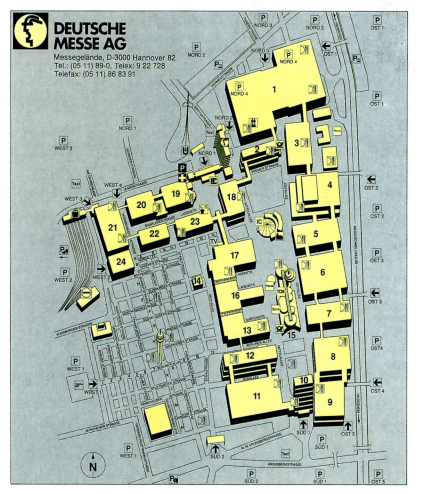

Der Orientierungsplan über das Messegelände

Hildesheim - Stadt der Kirchen und der Kunst

Ein Bischof erzählt die Bibel in Bildern

Im Jahr 1000 lebte in Hildesheim Bischof Bernward. Als Lehrer des jungen Kaisers Otto III. war er überall bekannt. Er war künstlerisch begabt. Für die Maler und Bildhauer seiner Werkstätten entwarf er Bilder und andere Kunstwerke.
In der Zeit um 1000 lebten viele Menschen in großer Angst.
Prediger, die behaupteten, die Welt werde bald untergehen, zogen durchs Land. Bernward machte sich Gedanken, wie er den Verängstigten neuen Mut geben könnte. Er dachte, sie könnten in der Bibel Trost finden.
Doch da die wenigsten lesen konnten, mußte er versuchen, ihnen die Bibel in Bildern zu erzählen. Bilder kann jeder verstehen.
So dachte er sich eine gewaltige Metalltür mit zwei Flügeln aus. Sie sollte fast fünf Meter hoch sein, damit er möglichst viele biblische Geschichten unterbringen konnte. Es ist bisher nicht herausgefunden worden, ob er sie für den Dom oder für die neue Michaeliskirche machen wollte, die er gerade auf einem Hügel nicht weit vom Dom bauen wollte.
Auf dem linken Türflügel wurden acht Geschichten aus dem Alten Testament dargestellt. Sie beginnen oben mit der Erschaffung der Menschen, danach folgt der Sündenfall und die Vertreibung aus dem Paradies. Die beiden unteren Bilder zeigen das Opfer Kains und Abels und den Mord Kains an seinem Bruder.
Auf dem rechten Flügel sind von unten nach oben aus dem Neuen Testament die Verkündigung des Engels an Maria, die Geburt Jesu, der Besuch der Heiligen Drei Könige und die Darbringung im Tempel abgebildet. Darüber ist aus der Leidensgeschichte die Verurteilung durch Pilatus, die Kreuzigung und der Ostertag mit den Frauen am leeren Grab und Maria Magdalena mit dem Auferstandenen zu sehen.
Bernward wollte den Betrachtern damit sagen, daß Jesus den Menschen nach dem Abstieg in Sünde und Angst neue Hoffnungen gibt auf ein glückliches Leben im Paradies.
Viele Besucher bestaunen die gewaltigen Bernwardstüren, die heute im Dom aufgehängt sind. Sie fragen sich, wie der Bischof es geschafft hat, die 40 Zentner schweren Bronzeplatten mit den vielen hervorstehenden Figuren in einem Stück gießen zu lassen. Das ist bis heute ein Geheimnis.
Auch Bernwards bronzene Christussäule, auf der in herumlaufenden Bändern 24 Geschichten aus dem Leben Jesu abgebildet sind, steht heute im Dom.

Die Christussäule im Hildesheimer Dom

Der 1000jährige Rosenstock

An der Rückseite des Doms wächst an der Außenmauer des Altarraumes ein wilder Rosenstock. Seine fingerdicken Triebe tragen jedes Jahr im Juni viele Blüten. Eine alte Sage erzählt, daß Kaiser Ludwig der Fromme einst in den Wäldern um den heutigen Domhügel auf der Jagd war. Als es Abend wurde, ließ er im Freien einen Gottesdienst, eine Messe, feiern. Ein kostbares Gefäß mit einer Erinnerung an Maria, das er bei sich trug, ließ er in einer Rosenhecke aufhängen. Sein Kaplan vergaß es dort - und als dieser es am nächsten Tag glücklicherweise wieder-

fand, hielten die Dornen es so fest, daß er es nicht aus ihnen befreien konnte.

Der Kaiser sah darin ein Zeichen Gottes, an dieser Stelle eine Kirche zu bauen. So ließ er den ersten Dom errichten, der wie der heutige Dom Maria geweiht wurde. Die Sage ist viel später erfunden worden. Doch man hat festgestellt, daß unter dem Domhügel viele Rosenwurzeln verborgen sind. Das war früher nichts Ungewöhnliches, weil Dornenhecken als Befestigung dienten.

Wie die Sage erzählt, wird Hildesheim nicht untergehen, solange der Rosenstock blüht. In den letzten Kriegstagen im Jahre 1945 wurde die Stadt furchtbar zerstört, der Dom durch Bomben in Trümmer gelegt und der Rosenstock war fast abgebrannt, so daß viele zweifelten, ob Hildesheim jemals wieder aufgebaut werden könnte. Doch im Sommer des gleichen Jahres schob die wilde Rose wieder kräftige Triebe und blühte über den Trümmern. Da bekamen die Hildesheimer neuen Mut, ihre Stadt, den Dom und die Kirchen neu aufzubauen.

Die vielen Besucher aus aller Welt sehen in dem wilden Rosenstock ein Naturwunder. Ob er tatsächlich 1000 Jahre alt ist, weiß niemand, es ist aber durchaus möglich. Für die Hildesheimer ist der Rosenstock ein Zeichen, daß ihre Stadt lebt.

Der 1000jährige Rosenstock

St. Michaeliskirche

Steinhuder Meer und Saupark

Es gibt sie noch: Fischer am Steinhuder Meer

Ein Fremdenverkehrszentrum

Das Steinhuder Meer ist von Hannover aus schnell zu erreichen. An schönen Sommerwochenenden werden hier bis zu 50 000 Besucher gezählt. Nur die Hälfte kommt aus der Umgebung der Landeshauptstadt. Die anderen reisen aus ganz Niedersachsen, Bremen, Berlin, Nordrhein-Westfalen und sogar aus dem Ausland an. Es sind meist Wassersportler, die am See einen Liegeplatz für ihr Segelboot gemietet haben oder ihr Surfgerät im Auto mitbringen.

Die Orte am Steinhuder Meer sind überfüllt, alle Parkplätze besetzt, Gaststätten und Hotels brechend voll. Auch die Reiterhöfe und die Minigolfplätze sind gut besucht. An den für die Besucher zugänglichen Uferstellen wimmelt es von Schwimmern und Sonnenhungrigen. Die Besucher lieben auch die Bootsfahrt zu der künstlichen Insel Wilhelmstein, wo sie eine alte Festung besichtigen können. So sehr sich die Einheimischen über die Fremden freuen, weil sie viel Geld ausgeben, so sehr sind sie auch besorgt, daß das Ufer und die schöne Landschaft am See zerstört werden.

Deshalb haben sie das Gebiet um den See zu einem Naturpark gemacht. Die Vogelschutzgebiete sind gesperrt. Sie sind nur von Beobachtungstürmen aus zu besichtigen. So können die seltenen Wasservögel in Ruhe nisten und rasten. Ein Rundweg für Wanderer und Radfahrer umgeht die empfindlichen Uferzonen. So sollen die Besucher mithelfen, die schöne Seelandschaft zu erhalten, denn eine zerstörte Natur wäre kein Erholungsgebiet mehr..

Das Steinhuder Meer in Stichworten

Der größte Flachsee in Niedersachsen (8 km lang, 4,5 km breit, bis zu 3 m tief)
Segelfläche für 6 000 Segelboote, 1 200 Windsurfer, Touristenboote, Fischereifahrzeuge, Tret-, Ruder- und Paddelboote (Motorboote sind nicht erlaubt)
20 große Segelregatten jährlich mit ausländischen Teilnehmern

Naturpark Steinhuder Meer

1983 vom Landkreis Hannover mit den Kreisen Nienburg und Schaumburg gegründet
310 qkm groß mit Mooren, Wäldern, Wiesen und Äckern
Vogelschutzgebiet mit Rast- und Brutplätzen für seltene Watt- und Wasservögel
Auf Stegen zu erreichende Beobachtungsstellen am Rand der Schutzgebiete
28 km langer Rundweg um den See für Wanderer und Radfahrer

Ein junger Luchs

Der Saupark in Springe

Früher war der wildreiche Deister das Jagdgebiet der Könige von Hannover. Doch als das Wild auf den Feldern der Bauern zu großen Schaden anrichtete, beschloß König Ernst August im Jahre 1839, einige hundert Wildschweine, Hirsche und Rehe in einem großen Gehege unterzubringen. Das Waldstück, das den Namen Saupark bekam, ließ er von einer 16 km langen und über 2 m hohen Steinmauer umgeben.

Heute werden hier nur noch selten Jagden abgehalten, und im Jagdschloß ist eine Ausbildungsstätte für Jäger und eine Ausstellung über die Jägerei untergebracht.

In dem Gehege leben aber immer noch ganze Rudel von Wildschweinen, Damhirschen und Muffelwild fast so frei wie in der Natur. An kleinen Gewässern leben Wildenten, Fischotter, Biber und Waschbären. Seltene Wildkatzen, Marder, Uhus und Schwarzstörche lassen sich ganz aus der Nähe beobachten und fotografieren.

Alle Tiere haben früher in unseren Wäldern gelebt. Wenn die Menschen sie nicht schützen würden, wären viele schon ausgestorben. Im Saupark können sie gefahrlos leben und sich vermehren.

So gibt es wieder Uhus, Luchse, Wildkatzen, Fischotter und sogar Wildpferde. Vielleicht werden einige von ihnen wieder in unseren Wäldern heimisch.

Berühmt ist der Saupark durch die Wisentzucht.

Diese letzten Wildrinder Europas wurden einst genauso rücksichtslos abgeschossen wie die Bisons, die Indianerbüffel Amerikas. Man glaubte schon, sie wären ganz ausgestorben.

1935 gelang es, aus der Mark Brandenburg einige Wisentkühe anzukaufen. Mit ihnen und dem Stier Iwan aus dem Berliner Zoo konnten wieder echte Wisente gezüchtet werden. Mehr als 180 Kälber wurden inzwischen im Saupark geboren. Wir finden sie in den Zoos vieler Länder. Heute gibt es weltweit wieder 3000 Wisente.

Die Besucher fühlen sich in eine frühere Zeit zurückversetzt, wenn sie den stattlichen Tieren gegenüberstehen. Wisente können ein Gewicht von 1 000 kg erreichen und bis zu 26 Jahre alt werden.

Wisente im Saupark

Die Mittelweser

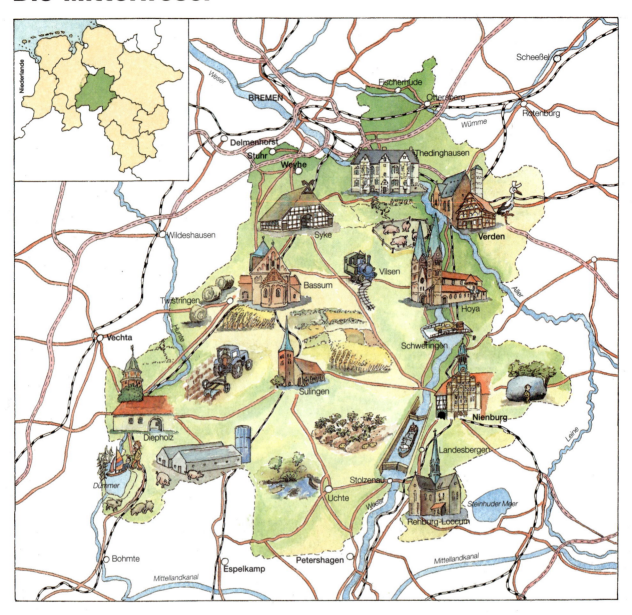

Im Herzen Niedersachsens

Nicht bei jedem Fluß ist der Unter-, Mittel- und Oberlauf so deutlich zu erkennen wie bei der Weser. Ihr Oberlauf reicht von Hann. Münden bis zum Weserdurchbruch bei Minden, der Porta Westfalica. Nördlich davon ist die Mittelweser ein Flachlandstrom; und von Bremen bis zur Mündung nennt man sie die Unterweser.
Zum Gebiet der Mittelweser können wir die Landkreise Diepholz, Nienburg und Verden zählen. In den großen Moorgebieten des dünn besiedelten Kreises Diepholz liegt der Dümmer, ein Flachsee mit der zweitgrößten Wasserfläche Niedersachsens, der stark gefährdet ist. Im Norden des Kreises, in Bruchhausen-Vilsen, ist noch eine der letzten kleinen Eisenbahnstrecken erhalten geblieben. Eisenbahnfreunde betreiben dort Züge mit Dampfloks.

Eine Fahrt mit dieser ersten Museumseisenbahn Deutschlands ist ein Erlebnis.
Die lebendige Mittelstadt Nienburg hat viele zentrale Einrichtungen. Im Kreis Nienburg finden wir in Loccum eines der bedeutendsten Zisterzienserklöster Niedersachsens. Dort ist heute noch sichtbar, wie wichtig die Klöster für die Besiedlung und die Kultur unseres Landes gewesen sind.
Verden, die Reiterstadt, liegt an der Aller, dem größten Nebenfluß der Weser, kurz bevor sie in den Strom mündet. Pferdemuseum und Pferdeauktionen zeigen, daß Verden ein Reiterzentrum in Niedersachsen ist.
Das Gebiet "Mittelweser" liegt im Herzen Niedersachsens. Hier gibt es keine Großstädte, da die meisten Flächen landwirtschaftlich genutzt werden.
In den Städten und Dörfern dieser Landkreise ist vieles aus der Vergangenheit erhalten geblieben.

Rathaus in Nienburg

Museumseisenbahn in Bruchhausen-Vilsen

Der Dümmer

Abendstimmung am Dümmer

Wie der Dümmer zu seinem Namen kam

Zwischen Osnabrück und Diepholz liegt der zweitgrößte Binnensee Niedersachsens, der Dümmer. Er ist ungefähr 5 km lang und 3 km breit, aber nicht mehr als 1,50 m tief. Du könntest also hindurchwaten. Das Flüßchen Hunte durchfließt ihn von Süden nach Norden.
Viele nennen ihn Dümmersee, weil sie nicht wissen, daß "mer" das alte Wort für See ist und "düm" soviel wie diep oder dief, also tief bedeutet.
Dummeri hieß der See vor 1000 Jahren. In diesem Wort ist seine Entstehungsgeschichte verborgen.
Als die letzte Eiszeit zu Ende ging und die Eisdecke über Norddeutschland allmählich abschmolz, sammelte sich Schmelzwasser an der tiefen Stelle, wo heute der Dümmer liegt.

Ob wohl einer anbeißt?

Der Dümmer vor 60 Jahren

Ein alter Bauer erzählt:
Als ich noch ein Kind war, hatte der See ringsherum einen Schilfgürtel. In einem Holzkahn mit roten Segeln fuhren wir im Herbst hinaus und ernteten das Schilfrohr. Wir brauchten es, um die Rieddächer zu decken.
Es gab Unterwasserwiesen und unzählige Binseninseln. Auch die Binsen haben wir geerntet und sie zu Stuhl- und Banksitzen verarbeitet.
Jedes Jahr trat der Dümmer über die Ufer und schwemmte die Pflanzenreste auf die Wiesen. Wenn das Wasser abgelaufen war, harkten wir sie zu mächtigen Haufen zusammen und verbrannten sie.

Die Menschen haben das Dümmergebiet verändert

Am Dümmer 1942

Der Dümmer bietet ein herrliches Bild, wenn im Sommer Tausende von Segelbooten und Surfern auf dem Wasser kreuzen. Im Winter zieht er Spaziergänger und Schlittschuhfahrer an.
Wie andere Besucher würdest du nicht darauf kommen, daß der See krank ist, wie die Naturforscher sagen.
Was ist geschehen?
Schon vor 400 Jahren haben die Menschen damit begonnen, die Hunte zu begradigen und zu kanalisieren, damit ihr Wasser schneller in den Dümmer fließt. Der Wasserspiegel des Sees stieg an. Da schlugen die Bauern Alarm, weil ihre Uferwiesen oft überschwemmt wurden.
Ein 18 km langer, bis zu 3 m hoher Deich wurde geplant und 1953 fertiggestellt. Der Dümmer ist so eine Art Stausee geworden. Etwas Wichtiges hatte man dabei übersehen. Die Sprößlinge des Schilfrohrs konnten unter Wasser nicht mehr wachsen; deshalb starb der Schilfgürtel zum größten Teil ab. Die abgestorbenen Pflanzen auf dem Grund vermischten sich mit dem Schmutz der Abwässer und mit dem Dünger, der von den Feldern hereingeschwemmt wurde. Die meterdicke gallertartige Mudde-

Der Dümmer verlandet immer mehr

schicht kann aber nicht mehr von selbst aus dem See herausgeschwemmt werden.
Naturschützer befürchten, daß der Dümmer immer mehr verschlammt und eines Tages verlandet.

Wie der Dümmer gerettet werden soll

- Der Deich soll an mehreren Stellen ins Land verlegt werden, damit der Rohrgürtel wieder wachsen kann. Er kann abgestorbene Pflanzenteile festhalten.
- Die Hunte muß geklärt werden, bevor sie in den See fließt. Nach ihrem Abfluß braucht sie Wehre, damit der Wasserstand schnell zu regulieren ist.
- Giftige Abwässer werden um den See herumgeleitet.
- Die Zahl der Bisamratten soll begrenzt werden, weil die Nagetiere die Sprößlinge des Rohrgürtels abfressen.
- Abgestorbenes Schilf ist immer wieder herauszumähen.
- Die Schlammschicht auf dem Grund muß ständig abgepumpt werden.
- Bäume und Büsche am Ufer sind zu beseitigen. Sie bremsen den Wind, der den See durchlüftet.
- Das Bad im See ist verboten.
- Das Ufer darf nicht an allen Stellen betreten werden.
- Die weißen Bojenketten im Wasser dürfen nicht überfahren werden.
- Die unter Naturschutz stehende Fläche von 10 qkm, in der nichts verändert werden darf, kann vergrößert werden.

Es wird viel Geld kosten, den Dümmer zu retten. Wie soll es beschafft werden?
Vögel brauchen mehr Ruhe, mehr Feuchtwiesen und mehr lebende Nahrung aus dem Wasser.

Viel Dampf in Bruchhausen-Vilsen

So entstand die Schmalspurbahn

Bis zum Jahre 1900 gab es in Bruchhausen-Vilsen keine Eisenbahn. Wenn die Bauern ihr Obst und Gemüse, ihre Kartoffeln und ihr Vieh zum Markt in den größeren Ort bringen wollten, mußten sie alles mit Pferd und Wagen befördern oder in der Kiepe auf dem Rücken tragen, wenn es ging. Wollte jemand verreisen, dann brauchte er eine Pferdekutsche. Das war alles sehr umständlich, zeitraubend und auch teuer. Deshalb beschlossen die Gemeindevorstände, zwischen den beiden Kreisstädten Syke und Hoya Bahnverbindungen zu bauen, die Anschluß an die bestehenden Hauptstrecken hatten. Von Bruchhausen-Vilsen nach Asendorf legten sie Schmalspurgleise von einem Meter Spurbreite und 8 km Länge. Bei der Normalspur der Hauptstrecke liegen die Schienen 1,42 m auseinander. Mit der Kleinbahn konnten nun die Schüler in die Stadt zur Schule, die Väter zur Arbeit, die Frauen zum Einkaufen fahren. Und einmal im Jahr fuhren alle zusammen zum Jahrmarkt. Im Packwagen wurden auch Fahrräder, Koffer und Kleintiere befördert, im Viehwagen die großen Tiere. So ging es 60 Jahre lang.

Inzwischen hatte sich viel verändert. Die Straßen waren besser ausgebaut, die Menschen fuhren mit dem Bus oder im eigenen Wagen. Das ging schneller und war bequemer. Große Laster beförderten die schweren Güter vom Herstellungsort zum Ziel. Das zeitraubende Umladen von Schmalspur- auf Normalspurwagen fiel weg. Die Straßen wurden immer voller, die Kleinbahn immer leerer. Sie sollte stillgelegt und abgebrochen werden.

Zugführer Mäder erzählt

Warum es nun doch nicht zur Stillegung kam?
Hört mal gut zu!
Meine Freunde und ich überlegten hin und her, wie man diese Eisenbahn retten könnte. Um eine so große Aufgabe zu lösen, gründet man in unserem Land meistens einen Verein. Das taten wir 1964 auch. Er heißt der Deutsche Eisenbahn-Verein (DEV).
Von Spenden und Beiträgen der Mitglieder kauften wir zuerst einige alte Fahrzeuge, und schon zwei Jahre später fuhr die erste Dampflok auf der Strecke Bruchhausen-Vilsen - Asendorf.
Fragt nicht, wieviel Arbeit wir vorher hatten!
Man muß schon ein Herz für die Eisenbahn haben. Das haben wir alle im DEV: Der Arzt aus Hamburg, der Zollbeamte aus Helmstedt und der Tischler aus Bremen.
Wir mußten uns auch richtig als Eisenbahner ausbilden lassen. Es hat so manchen Schweißtropfen gekostet, bis unser Vereinsfreund Egon eine Lok führen und ich am Wochenende Zugführer sein durfte.
Ich trage die Verantwortung für den sicheren Transport, doch den anstregendsten Job hat Egon, unser Lokführer. Stellt euch vor: Nur einen Meter Platz hat er auf der Lokomotive, es ist furchtbar heiß, und dicht neben ihm schippt der Heizer ständig Kohle ins Feuer. Alles ist schwarz: Hände, Gesicht und Kleidung.
Bei jedem schwarz-weißen Schild mit den Buchstaben "LP" muß Egon läuten und pfeifen. Da ist nämlich eine Wegkreuzung. Vor jeder ungesicherten Landstraße hält er die Lok an, und ich muß mit Fahnen den Verkehr regeln. Für unsere Gäste ist die Fahrt ein großes Vergnügen, für uns ist sie echte Arbeit. Und trotzdem macht es uns Spaß, auch dem Lokführer Egon, weil wir ja mit unserem schönen Hobby Tausenden von Menschen einige erlebnisreiche Stunden bereiten können.
Übrigens: Unter der Zugnummer findest du Angaben über die Art des Zuges und besondere Wagen, die er mitführt. Die Zeichen über der Uhrzeit sind besonders wichtig, denn sie zeigen, an welchen Tagen der Zug fährt.

**Die Museumseisenbahn in Betrieb
Zugführer Mäder sorgt für die
Einhaltung des Fahrplans**

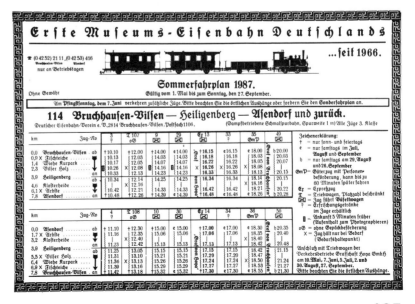

Loccum - ein altes Zisterzienserkloster

Mehr als 800 Jahre Geschichte in Loccum

Am Rande des Weserberglandes, zwischen Steinhuder Meer und Weser, liegt das über 800 Jahre alter Zisterzienserkloster Loccum.

1163 gründete Graf Wilbrand von Hallermund das Kloster und übergab es Mönchen vom Orden der Zisterzienser, die aus Volkerode in Thüringen kamen.

Die Mönche errichteten zunächst eine einfache Unterkunft. In harter, mühevoller Arbeit machten sie sich dann daran, die Umgebung des Klosters urbar zu machen, um ihren Lebensunterhalt zu sichern.

Doch schon sehr bald erfreute sich das Kloster eines großen Wohlstandes, denn zahlreiche Adlige, darunter auch der Sachsenherzog Heinrich der Löwe, beschenkten die Mönche.

So konnte schließlich im 13. Jahrhundert ein mächtiger Klosterbau mit einer großen Kirche errichtet werden, beide aus Stein gebaut.

Das Leben in diesem mittelalterlichen Kloster kommt uns heute sehr streng vor. Siebenmal am Tag traf man sich zum Gebet. Um das Gebot des Schweigens zu beachten, bedienten sich die Mönche zur Verständigung untereinander einer Zeichensprache.

Die Regeln sind uns in alten Schriften überliefert: Das Wort "Schwein" z.B. wurde dargestellt, indem man sich mit der Faust vor den Kopf schlug, bedeckte man beide Augen mit zwei Fingern, bedeutet das "blind", und das Wort "hören" wurde dargestellt, indem man mit dem Zeigefinger auf das Ohr deutete. Aber es gab auch Ausnahmen: Wichtige Besprechungen fanden im Kapitelsaal statt. Geheizt wurde nur ein Raum, die Wärmestube, in der sich die Mönche morgens aufwärmen konnten und Arbeiten verrichteten, für die man Wärme brauchte wie das Einfetten von Schuhen und die Aufbereitung von Pergament.

Auch über das Klostergebiet hinaus hatten die Zisterzienser großen Anteil an der Kultivierung des Landes.

Als im 16. Jahrhundert durch die Reformation der evangelische Glaube entstand und in Norddeutschland viele Anhänger fand, blieb das Kloster Loccum zunächst katholisch.

Erst Ende des 16. Jahrhunderts nahm man das evangelische Bekenntnis an.

Der Dreißigjährige Krieg (1618 - 48) brachte Not und Tod. Umherziehende Soldaten plünderten das Kloster, Kriegssteuern ließen es verarmen und die Pest versetzte alle Klosterbewohner in Angst und Schrecken.

Im 17. Jahrhundert kam es, wie in anderen Gebieten, im Umfeld des Klosters zu Hexenverfolgungen. Zahlreiche Menschen wurden unter der Anschuldigung, sie seien mit dem Teufel im Bunde, grausam gefoltert und ermordet. Heute erinnern daran nur noch einige alte Prozeßakten.

Das Kloster ist heute ein vielbesuchter Ort, denn viele Touristen wollen sehen, wie vor hunderten von Jahren die Mönche gelebt haben.

Weit über die Grenzen Deutschlands hinaus bekannt ist Loccum durch seine Evangelische Akademie. Hier finden Gespräche und Diskussionen statt über wichtige Fragen des Glaubens in unserer modernen Welt.

Klosterkirche Loccum

Die vielfältigen Arbeiten eines Kloster brachten es mit sich, daß ein arbeitsteiliges System entstand.
Ora et labora (bete und arbeite), praktisch hieß das, daß man die betenden Mönchen, die strengen Chordienst hatten, und die arbeitenden Mönche, die Laienbrüder, unterschied.

Oben links: Der Kreuzgang wurde von den arbeitenden Mönchen gebaut, die betenden Mönche lasen dort die Bibel und wurden auch dort begraben.
Oben rechts: Die Darstellung symbolisiert die Aufgabe des Abts. Ein alter Adler bringt einem jungen das Fliegen bei.

Mitte links: Wandgemälde im Laienrefektorium
Mitte rechts: Das Mönchsrefektorium, der Speisesaal der Mönche.

Links: Der Kapitelsaal, der Versammlungssaal des Klosters.

Von Pferden und Störchen

Ausstellung im Deutschen Pferdemuseum: Hyracotherium, verwandt mit dem Urpferdchen

Eine Schule für Pferdenarren

Pferdenarren zieht es nach Verden, weil sie dort die besten Informationen über ihr Hobby bekommen. Das Deutsche Pferdemuseum zeigt ihnen in über 30 Räumen, wie aus dem Wildpferd das edle Reittier gezüchtet wurde.
Den Urmenschen diente das Pferd als Jagdtier. Sie nutzten Fleisch, Fell und Knochen. Vor etwa 4000 Jahren begann die Entwicklung zum Nutztier.
Die Entstehung unseres Transport- und Verkehrswesens und der Post ist ohne das Pferd undenkbar. Auch Maschinen und Karussells mußte es antreiben.
Es werden Holzschuhe gezeigt, die von Pferden getragen wurden, um nicht zu tief im Moor einzusinken, denn die Holzschuhe vergrößerten den Fuß. Über Pferdemedizin und Hufe gibt es interessante Informationen. Man erfährt, daß Beinbrüche bei Pferden meist unheilbar sind. In einer Abteilung wird dargestellt, wie Pferde früher Kriegsdienst leisten mußten. Wie die Soldaten erlitten auch sie in den Reiterschlachten oft einen qualvollen Tod.
Später wurde die Leistungsstärke von Motoren in "Pferdestärken" (PS) gemessen.
Ein Pferd kann aber nur etwa zwei Drittel PS leisten, das ist die Kraft, die 10 Menschen aufbringen können.
Mit der Entwicklung der Maschinen ging die Nutzung des Pferdes für Verkehr und Wirtschaft mehr und mehr zurück. Es blieb die Bedeutung für den Sport. Bekannte pferdesportliche Ereignisse kann man in allen Einzelheiten im Museum verfolgen, und man erfährt auch, daß viele berühmte Pferde so lange Stammbäume haben wie alte Adelsfamilien.
Der Pferdezücher unterscheidet Warm- und Kaltblüter. Diese Begriffe deuten nicht etwa auf die Bluttemperatur hin, sondern auf das Temperament des Tieres.
Kaltblüter sind gedrungen, groß, schwer, großköpfig, grobknochig.
Warmblüter dagegen sind leicht, schlank, kleinköpfig, feingliedrig und lebhaft. Sie können besser traben und galoppieren. Die temperamentvollsten Pferde sind die Vollblüter, unter denen man die besten Rennpferde findet.
Auch nach der Fellfärbung unterscheidet man Pferde: Füchse sind rotbraun, mit schwarzer Mähne und schwarzem Schweif bezeichnet man sie als Braune. Bekannt ist die Bezeichnung Schimmel für weiße Pferde, mit grauen Flecken nennt man sie Apfelschimmel. Rappen sind schwarze Pferde, und schließlich gibt es noch die mehrfarbigen Schecken.
Die Pferde werden auch nach ihren Zuchtgebieten benannt. Verden liegt im größten Reitpferdezuchtgebiet Europas: Der Hannoveraner gilt als Pferd, das durch Trakehner-Blutanteile und Anteile des arabischen Vollblutpferdes für den Turniersport besonders geeignet ist.

Störche in der Reiterstadt

In Verden wimmelt es von Pferden: vor der Stadt, auf den Weiden, in den Auktionshallen, wo die Preise ausgehandelt werden, und auf der Rennbahn. Innerhalb der Altstadt gibt es ein Pferd aus Bronze, sogar ein ganz berühmtes: den Hengst "Tempelhüter". Er steht stolz vor dem Museum, dem einzigen Pferdemuseum Deutschlands.

Verden ist als Reiterstadt bekannt, aber der Name der Stadt hat nichts mit Pferden zu tun. Er wird von einer Furt abgeleitet. Das ist eine flache Stelle, an der man den Fluß früher ohne Brücke überqueren konnte. Hier ist es die Aller, kurz vor ihrer Mündung in die Weser. Die schöne Altstadt wird von einem mächtigen Dom überragt, der daran erinnert, daß Verden früher einmal eine Bischofsstadt war. Aus dieser Zeit stammt auch die Messing-Grabplatte des Bischofs Yso in der Andreaskirche. Sie enstand kurz nach 1200 und soll die älteste in Europa sein. Seit 1000 Jahren besitzt Verden das Markt- und Münzrecht, dazu erschien 1985 eine Sondermarke der deutschen Bundespost.

Doch nun zurück in die Gegenwart. Noch ein anderes Tier ist in Verden besonders gern gesehen: der Storch, der in Niedersachsen von Jahr zu Jahr seltener wird.

Helmut Storch machte dort seinem Namen alle Ehre. Er schuf in Verden die erste und einzige deutsche Storchenklinik. Hunderte von Patienten hat er schon "hochgepäppelt", wenn sie sich verletzt hatten oder aus dem Nest gefallen waren. So hilft er mit, daß wenigstens einige Störche überleben können, denn ihr Lebensraum, die Feuchtgebiete, sind in den letzten Jahren fast alle trockengelegt und zerstört worden.

In der Storchenklinik... ...wird ein Patient behandelt   **Der Nachwuchs ist hungrig**

Niedersachsen für Kinder und Kenner / Mittelweser

Das Osnabrücker Land

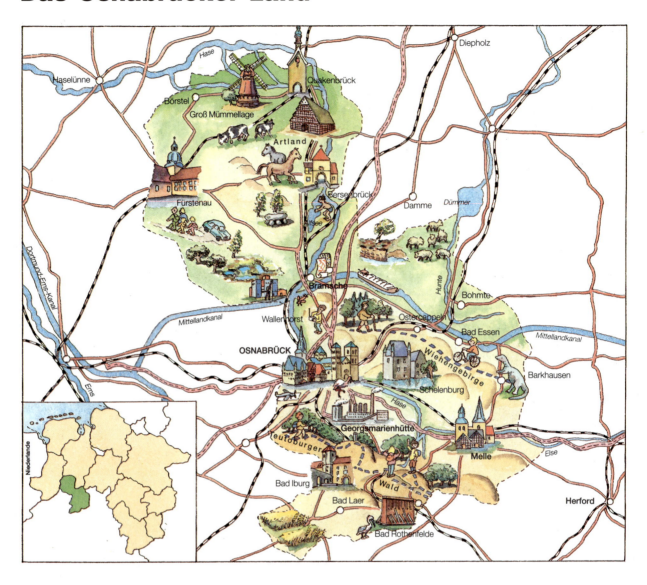

Um Wiehengebirge und Teutoburger Wald

Das Osnabrücker Land wird von zwei Gebirgsketten durchzogen: dem Wiehengebirge und dem Teutoburger Wald. Im Norden stößt die Norddeutsche Tiefebene heran, im Süden die Münstersche Bucht.

Während das nördliche Vorland vorwiegend landwirtschaftlich genutzt wird, aber auch Moor-, Heideflächen und Kiefernwälder enthält, ist die Ebene im Süden weitgehend mit Wald bedeckt. Die 56 Dörfer, die mit Melle eine Stadt bilden, sind einem Park vergleichbar.

Die Großstadt Osnabrück mit ihren Industrie- und Wohngebieten dehnt sich weit ins Land aus. Südlich unterbricht nur das Hüttenwerk Georgsmarienhütte das Grün, in das seine dörflichen Stadtteile gebettet sind.

So unterschiedlich wie die Landschaft ist auch das Leben und die Arbeit der Menschen im Osnabrücker Land.

Das Bauernland des Nordens liefert in großen Mengen Nahrungsmittel, vorwiegend aus Tiermästereien, Fleisch- und Wurstfabriken, Geflügel- und Eierfarmen und Großbäckereien. Daneben gibt es eine Fahrradfabrik, Isolierdrahtwerke für die NASA und in Bramsche sogar eine Bernsteinschleiferei.

Der größte Sandsteinbruch Europas im Piesberg bei Osnabrück liefert Material für die Befestigung der Meeresküsten. Bekannte Margarinewerke am Südhang des Teutoburger Waldes stellen u. a. auch Fertiggerichte her, mit denen die Lufthansa ihre Fluggäste versorgt.

Osnabrück wurde wegen seiner Anbindung an Fernstrassen, Eisenbahnlinien und den Mittellandkanal zum Versorgungszentrum für 500 000 Menschen im Umland. Täglich werden Waren in alle Teile Deutschlands und Europas transportiert. Große auswärtige Hersteller haben ihre Lager in der Großhandelsstadt zwischen dem Ruhr-

Bad Essen

Der Ledenhof in Osnabrück

gebiet und den Seehäfen Bremen und Hamburg eingerichtet.
Eine Besonderheit im Bergland sind die Solebäder Melle, Bad Essen, Bad Laer, Bad Rothenfelde und das Kneippbad Iburg.
Tausende von Kranken und Erholungssuchenden kommen jahraus, jahrein in diese Kurbäder.
Auch kleinere Luftkurorte und Erholungszentren in den waldreichen Naturparks der Mittelgebirge locken viele Wanderer und Naturfreunde aus Norddeutschland, Berlin, dem Ruhrgebiet und den Niederlanden an.

Osnabrück - Dom und Handelsstadt

Der Dom in Osnabrück

Von Handwerkern und Kaufleuten

Osnabrück ist 1200 Jahre alt. Die nach dem 2. Weltkrieg wiederaufgebaute Altstadt zeigt noch etwas davon, wie reich und prächtig die Stadt früher war. Dabei hatte der Frankenkaiser Karl der Große, ihr Gründer, in einer einsamen ländlichen Gegend zuerst nur den Dom, einen Hof für seine Priester und Verwaltungsleute und eine Schule bauen lassen.

Der Platz war gut gewählt, denn am Flußübergang der Hase trafen Handelswege aus allen vier Himmelsrichtungen zusammen. Der Dom steht genau an der Stelle, wo früher alle Planwagen der Handelsleute vorbeikamen. Hinter der Befestigung der kleinen Siedlung, der Domburg, fühlten sich die Kaufleute sicher.

Sie müssen hier gute Geschäfte gemacht haben, denn schon bald wurde ihnen die Domburg zu eng. Da richteten sie sich gegenüber vom Dom einen Markt ein und bauten dort ein Rathaus und die große Marienkirche. Immer mehr Menschen wollten hier wohnen. Neue Häuser, Straßen und Kirchen mußten gebaut und mit einer hohen Stadtmauer zum Schutz der Bürger gegen Überfälle umgeben werden. Vor dem Rathaus standen feste Verkaufsbuden in mehreren Reihen nebeneinander. Täglich wurde Markt abgehalten.

Einige Handwerker bauten sich hier Häuser, in denen sie ihre Kunden bedienten: so etwa die Wandschneider, Bäcker, Fleischer und Wagner, die den Händlern die Pferdewagen reparierten. Die Osnabrücker konnten sich auf dem Markt gut mit den Nahrungsmitteln aus dem Bauernland der Umgebung versorgen. Dafür tauschten die Bauern ihre Erzeugnisse gegen Produkte der Handwerker aus der Stadt, vor allem Werkzeug und Geräte.

Die Handelsleute brachten von weit her Metalle, Leder, Pech, Teer, Öl und Wachs heran, auch die beliebten Heringe und köstlichen Rosinen. Viel Geld kam in die Stadt durch den Verkauf von Salz, wertvollem Tuch aus dem belgischen Gent und gutem Wein aus dem Rheinland, aus Frankreich und Italien. Den größten Reichtum brachte den Osnabrückern das Leinen. Die Leinenweber vom Lande mußten es in der Osnabrücker Legge auf Größe und Qualität prüfen lassen. Dann wurde es mit dem Leggestempel bedruckt, auf dem das Stadtwappen mit dem sechsspeichigen Rad zu sehen war.

Osnabrücker Leinen galt als das beste, das es gab und wurde bis nach Italien verkauft.

So wurde Osnabrück ein bedeutender Handelsplatz. Ganze Viehherden, viel Butter, Käse, Speck und Honig gingen von hier ins Rheinland und nach Gent. Und mit Fellen, Häuten und Wolle belieferten die Osnabrücker nicht nur ganz Westfalen, sondern auch die großen Städte Köln und Lübeck.

Osnabrück gehört auch zum Kaufmannsbund der Hanse.

Wir finden seine Handelsleute im holländischen Kampen, von wo sie mit den Engländern Waren tauschten, in den Hansestädten Hamburg und Bremen, in den Häfen an der Ostsee und sogar in der norwegischen Stadt Bergen.

Dort gibt es heute noch Osnabrücker Namen wie Vinte, Melle, Fürstenau und Bersenbrück, denn hier wurden die Kaufleute aus dem Land der Hase heimisch.

Karl der Große und Osnabrücks erster Bischof

Großhandelsstadt Osnabrück

War Osnabrück früher ein Kreuzpunkt von holprigen Landstraßen, auf denen die Waren mit Pferdewagen transportiert wurden, so ist es heute ein Verkehrsknotenpunkt von Bundesstraßen, Autobahnen und Eisenbahnlinien. Mit dem Kanalhafen und dem internationalen Flughafen Münster-Osnabrück ist es an das europäische Wasserstraßen- und Flugnetz angeschlossen.

Die Trucks der Osnabrücker Transportfirmen sieht man in vielen Ländern Europas. Über die Nordseehäfen und die großen Flughäfen in Nord- und Westdeutschland transportieren die Spediteure Waren aus Deutschland in alle Welt. Aus dem Ausland schaffen sie heran, was es in Deutschland nicht gibt. Die Großhandelsstadt Osnabrück versorgt 150 000 Einwohner und dazu noch 500 000 Menschen im Nordwesten Niedersachsens mit allem, was sie brauchen. So ist Osnabrück bis heute eine bedeutende Einkaufs- und Handelsstadt.

Friedensstadt Osnabrück

Steckenpferdreiter

Friedenstag in Osnabrück

Jedes Jahr am 25. Oktober, dem Friedenstag, reiten Kinder der 4. Schuljahre mit Steckenpferden und Papierhelmen zum Rathaus am Markt.
Der Oberbürgermeister schenkt ihnen eine Brezel und erinnert daran, daß 1648 von der Treppe des Rathauses nach 30 Jahren Krieg der Friede verkündet wurde.

Pest, Hunger und Tod

Der Dreißigjährige Krieg (1618 - 1648) war eine schreckliche Zeit für die Menschen. Die katholischen Länder kämpften gegen die evangelischen, weil jeder dem anderen seinen Glauben aufzwingen wollte. In Wahrheit ging es aber allen nur darum, möglichst viel zu erobern und zu rauben.
In Osnabrück versuchten die Holländer und die Spanier, die Stadt zu besetzen. Doch es gelang ihnen nicht, die Stadtmauern zu erstürmen. Später rückten dänische Truppen heran. Obwohl die Dänen Osnabrück nicht erobern konnten, verlangten sie 36 000 Taler für ihren Abzug. Wohl oder übel mußten die Osnabrücker die gewaltige Summe bezahlen.
Da erschienen die Schweden mit einem riesigen Heer. Vor den Stadttoren bauten sie eine große Zeltstadt auf und nahmen die Befestigung unter Feuer. Einen Monat lang wehrten sich die Osnabrücker. Schließlich boten die Schweden den Soldaten des Kaisers, die in der Stadt waren, freien Abzug an und nahmen dafür Osnabrück in Besitz. 60 000 Taler verlangten sie von den Bürgern, dazu alles Gold und Silber und den Domschatz.
Zehn Jahre blieben sie. Die Bürger mußten für die Schweden ihre Häuser räumen und ihnen Waffen, Verpflegung und die Verstärkung der Stadtmauer bezahlen.
So verloren die Osnabrücker das letzte, was sie noch besaßen.
Manche bettelten und raubten. Sie bestellten ihre Felder nicht mehr, weil die Ernte oft schon auf dem Halm gestohlen wurde.

Not und Elend im 30jährigen Krieg

Verkündung des Westfälischen Friedens
Die Friedenskirche in Melle

Der Westfälische Frieden

1642 verbreitete sich eine gute Nachricht: Osnabrück wurde eine Friedensstadt, in der über das Ende des Krieges verhandelt werden sollte.
Schon bald trafen 160 Unterhändler mit ihren Dienern, Soldaten und Frauen ein. Doch die Osnabrücker hatten sich getäuscht. Die Gäste feierten zwar rauschende Feste, aber bezahlen mußten die Bürger.
Vier Jahre dauerte es, bis endlich der Friede beschlossen wurde.
Am 25. Oktober 1648 rief der Trompeter vom Turm der Marienkirche die Bürger auf dem Markt zusammen. Von der Rathaustreppe wurde verkündet: Es ist Frieden.
Viele Menschen konnten es zuerst nicht glauben.
Doch dann brach ein unbeschreiblicher Jubel aus. Mit Tränen in den Augen fielen sie sich in die Arme und sangen das Lied "Nun lob, meine Seel, den Herrn".
Nie wieder sollte es wegen des Glaubens oder aus Habgier zu Krieg kommen, schworen sie. Im Saal des Rathauses, der seitdem Friedenssaal heißt, erinnern die vielen Gemälde der Unterhändler daran, daß hier und in Münster der Westfälische Frieden geschlossen wurde.

Burgen und Städte – durch Wasser geschützt

Höhen- und Wasserburgen

Im Osnabrücker Land lebten früher Ritter, die hier Burgmänner genannt wurden. Im Bergland bauten sie ihre Burgen auf hochgelegenen Hängen und Felsen, um sie vor Feinden zu schützen. In Bad Iburg bei Osnabrück ist die letzte erhaltene Höhenburg noch zu besichtigen.
In der Ebene des Nordlandes sicherten die Ritter ihre Burgen durch Wasser.
Tiefe Wassergräben ließen sie in mehreren Ringen um ihr Wohngebäude ziehen, das nun auf einer künstlichen Insel lag. Meistens legten sie für die Wirtschaftsgebäude eine zweite Insel an. Sie diente als Vorburg der Verteidigung und gab der Hauptburg einen zusätzlichen Schutz.
Nur über eine Zugbrücke konnte man in den Rittersitz gelangen. Wenn die Feinde heranrückten, wurde sie hochgezogen und vor das Burgtor geklappt.

Wie der Wilde Jan in Fürstenau gefangen wurde

Vor 650 Jahren ließ sich der Bischof Gottfried eine besonders sichere Burg bauen. Die Burginsel wurde durch breite Wassergräben eingeschlossen. An den Ecken der Insel errichtete er mächtige runde Festungstürme, die man Bastionen nennt. Ihre meterdicken Wände waren durch unterirdische Gänge miteinander verbunden. Im Schutz der Burg ließen die Bischöfe Fürstenau bauen.
Im Jahre 1441 hatte Johann von Hoya, der Wilde Jan, die Burg Fürstenau in seiner Gewalt. Raubend und plündernd zog er mit seinen Horden durch das Land. Das wurde den Bürgern in den Städten, den Bauern auf dem Lande und den Kaufleuten, die sich mit ihren Pferdefuhrwerken nicht mehr auf die Straßen wagten, zu viel. Sie sammelten ein Heer und zogen nach Fürstenau, um Jan zu fangen.
Als sie hörten, daß er mit 500 Reitern in der Stadt war, bekamen sie Angst. Doch ihr Anführer rief: "Jetzt oder nie!" Sie stürmten über den Wall und die Gräben in die Stadt - aber Jan war nirgends zu finden.
Er hatte noch schnell in die Burg fliehen wollen, doch die Zugbrücke war schon hochgezogen. Wo sollte er sich verstecken? Die Verfolger verriegelten die Stadttore und durchkämmten alle Häuser. Als die Stadtknechte ihre Suche schon aufgeben wollten, fiel ihnen im Backhaus des Pastors ein Paar Reitstiefel auf, das im Kamin hing. Sie zogen daran, und tatsächlich kam der Wilde Jan zum Vorschein, schwarz wie ein Rabe.
Sie fesselten ihn und sperrten ihn im engen Burggefängnis ein. An den Schweif eines Pferdes gebunden wurde er danach schwer bewacht nach Osnabrück gebracht. Sechs Jahre mußte er hier in einem großen Eichenholzkasten sitzen.
Dieser Johanniskasten kann im Bocksturm, der alten Stadtbefestigung, noch besichtigt werden.

oben: Schloß Fürstenau

Mitte: Schloß Iburg

unten: Die Schelenburg in Schledehausen

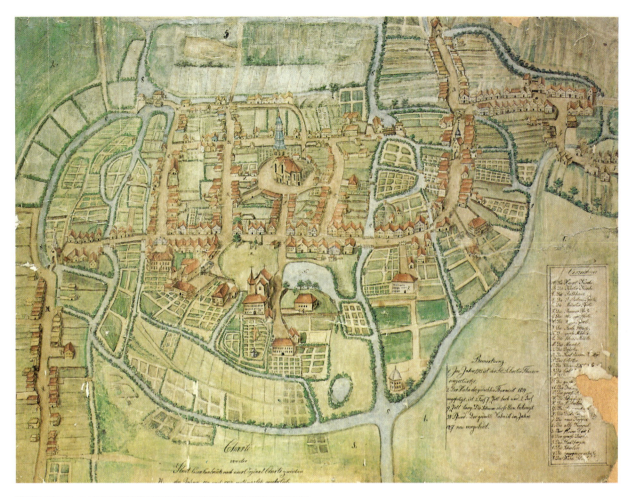

Quakenbrück - eine Stadt zwischen Flußarmen

Die Städte im Flachland, die an einem Fluß lagen, konnten sich durch Wasser schützen.
Ihre Namen, wie z. B. Quakenbrück, erinnern an die Lage am Flußübergang. Die Stadt ist von den weitverzweigten Armen der Hase umgeben.
Zur besseren Verteidigung warfen die Bürger Erdwälle auf, die sie mit Buschwerk bepflanzten.
An den Zugängen bauten sie mächtige Stadttore, von denen Zugbrücken über den Fluß führten.
Wie bei den Burgen konnten sie hochgezogen werden, um die Stadttore zu verschließen.
Der alte Plan zeigt Quakenbrück vor 200 Jahren mit den Wasserarmen, den Stadttoren und den Wällen.
Das abgebildete große Tor, die "Hohe Pforte", ist das Wahrzeichen der Stadt.

Historischer Stadtplan von Quakenbrück

links: Die "Hohe Pforte"

Saurier im Osnabrücker Land

Auf den Spuren der Saurier

Wie man die Saurier im Wiehengebirge gefunden hat

Als es noch keine Baustoffgeschäfte gab, mußten die Bauern die Steine für ihre Häuser selbst im Gebirge brechen.
Später kauften die Bauherren die Steine bei Steinbruchbesitzer Vatthauser in Barkhausen, dem ein Steinbruch im Wiehengebirge gehörte.
Seine Arbeiter stießen eines Tages auf eine Felswand, die mit übergroßen Fußabdrücken bedeckt war. Da sie nichts damit anzufangen wußten und das Gestein unbrauchbar war, ließen sie die sechs Meter hohe Felswand einfach stehen.
Als Professor Klüpfer aus Wuppertal 1921 im Wiehengebirge nach Eisenerz suchte, führten ihn die Bauern von Barkhausen in den alten Steinbruch. Er erkannte, daß es Spuren von Sauriern waren, die sich in dem Gestein abgedrückt hatten.
Der Professor fragte einen Kollegen, Professor Ballerstedt aus Bückeburg, um Rat, der sich schon mit derartigen Versteinerungen befaßt hatte.
Er stellte fest, daß es sich bei den runden, übergroßen Spuren tatsächlich um Fußabdrücke von pflanzenfressenden Sauriern handelte.
Er legte noch weitere Abdrücke von 3-zehigen Raubsauriern frei. An ihren Krallen ist deutlich zu erkennen, daß sie nur auf den Hinterbeinen gelaufen sind.

Wie sah es vor 175 Millionen Jahren im Land der Saurier aus?

Die Riesenechsen müssen über einen festen Sandboden gelaufen sein. Es wurden wellenförmige Abdrücke im Felsen gefunden, die aussehen wie die Rippen, die sich am Strand der Nordsee bilden. Damit war klar, daß die Tiere am Strand eines Meeres gelebt haben, das Norddeutschland früher bis zum Wiehengebirge bedeckt hat. Als dieses Gebirge durch gewaltige Erdverschiebungen hochgedrückt wurde, wurde das Strandgebiet aufrecht gestellt. Im Laufe langer Zeit wurde der Sand zu Sandstein zusammengepreßt. Nun war klar, daß die Tiere nicht an einer steilen Wand hochgelaufen sind.
Doch wie konnten sich die großen Pflanzenfresser ausreichend ernähren?
An der roten Färbung der Gesteinsschichten kann man erkennen, daß es damals viel wärmer gewesen sein muß als heute. Man nimmt an, daß im Durchschnitt 20 Grad Celsius herrschten, während die durchschnittliche Jahrestemperatur heute zwischen 8 und 9 Grad Celsius liegt. So kann am Strand des früheren Meeres ein Urwald gelegen haben, in dem die Pflanzenfresser genug Nahrung fanden. Wahrscheinlich lauerten ihnen die Raubsaurier dort auf, um an den gewaltigen Fleischbergen ihren Hunger zu stillen.
Aus der Schrittlänge der Saurier konnten die Forscher errechnen, daß die Tiere 13 Meter lang waren.

oben: Pflanzenfressender Saurier im Landesmuseum Hannover

Warum die Saurier ausgestorben sind

Den beiden Riesenechsenarten, deren Fußabdrücke in Barkhausen gefunden wurden, haben die Wissenschaftler nach dem Fundort lateinische Namen gegeben.
Überall sind sie heute bekannt als Elephantropoides barkhausiensis (Elefantenfüßige aus Barkhausen) und Megalosaurus teutonicus (teutonischer oder deutscher Riesensaurier).
Warum sie ausgestorben sind, ist bis heute ungeklärt.
Da in Südfrankreich Versteinerungen von Sauriereiern gefunden wurden, die stark verformt waren, nehmen einige Wissenschaftler an, daß die in ihnen heranwachsenden Embryonen entweder unter einer zu dicken Außenwand erstickt oder unter der zu dünnen Schutzhülle ausgetrocknet sind. Es kann auch sein, daß es durch einen Temperaturrückgang keine Urwälder mehr gab und die Pflanzenfresser verhungern mußten.
Oder sollte die Erde nach dem Einschlag eines gewaltigen Meteoriten mit einer Staubschicht bedeckt gewesen sein, unter der die meisten Pflanzen abstarben?
Einige Fachleute haben eine solche Schicht gefunden.
Bislang wird keine dieser Erklärungen von allen Wissenschaftlern für die richtige gehalten.

Mitte: Kappenquarz
unten: Ammoniten

Orte in Niedersachsen von A – Z

A

Achim (27.000 E) liegt an der Weser, wenige Kilometer östlich von Bremen. Das "Achimer Brot", das in einer großen Brotfabrik gebacken wird, ist in ganz Niedersachsen bekannt.

Alfeld (23.000 E) entstand an einer Leinefurt und wurde deshalb eine der wichtigsten Städte im Bistum Hildesheim. Das schönste Gebäude der Altstadt ist die alte Lateinschule, ein malerisches Fachwerkhaus, in dem heute das Heimatmuseum untergebracht ist.

Das **Ammerland** im Oldenburger Land ist eines der bedeutendsten Baumschulgebiete der Bundesrepublik. Alljährlich werden hier große Rhododendrenschauen veranstaltet.

Ankum (5.000 E) liegt am Rande der Ankumer oder Fürstenauer Berge im Osnabrücker Land. Schon in grauer Vorzeit lebten hier Menschen. Das zeigen uns die vielen noch erhaltenen Großsteingräber. Wahrzeichen des Ortes ist die katholische St.-Nikolaus-Kirche, wegen ihrer prächtigen Bauweise auch "Artländer Dom" genannt.

Aurich (35.000 E) war im Mittelalter Sitz der ostfriesischen Häuptlinge, später der ostfriesischen Grafen und Fürsten. Heute ist hier die "Ostfriesische Landschaft" untergebracht, das Zentrum für Kultur- und Heimatpflege in Ostfriesland.

B

Bad Bentheim (15.000 E) liegt in der Grafschaft Bentheim an der Grenze zu den Niederlanden. Der Ort ist ein weithin bekanntes Schwefelbad. In der Umgebung gefördertes Erdgas und Erdöl wird über Pipelines an die Raffinerie Lingen/Holthausen und die großen Raffinerien an Rhein und Ruhr geliefert.

Bad Bevensen (10.000 E) ist ein Kneippkurort mit einer Thermal-Jod-Sole-Quelle. Größte Sehenswürdigkeit des Ortes ist das Barockkloster Medingen.

Bad Essen (12.000 E) ist ein Solebad im Wiehengebirge. Sein Wahrzeichen ist die "Alte Wassermühle". Von hier aus können interessante Fahrten zu den nahegelegenen Wasserschlössern Hünnefeld und Ippenburg, zu den Saurierspuren in Barkhausen und zur Burg Wittlage unternommen werden.

Bad Harzburg (26.000 E) geht auf die Burg zurück, die Kaiser Heinrich IV. 1068 auf dem Burgberg erbauen ließ. Heute ist die Stadt ein vielbesuchter Kurort und Ausgangspunkt für Wanderungen zum Radauwasserfall und in das wildromantische Okertal.

Bad Iburg (10.000 E) ist ein Kneippheilbad am Südhang des Teutoburger Waldes. Im 11. Jahrhundert ließ Bischof Benno II. von Osnabrück hier ein Benediktinerkloster und eine Burg erbauen, von der aus 600 Jahre das Bistum Osnabrück regiert wurde. Die im 17. Jahrhundert zum Schloß umgebaute Anlage beherbergt heute ein Töpferei- und Münzmuseum.

Braunschweig: Burg Dankwarderode

Bad Laer (11.000 E) ist ein Solebad, in dem insbesondere Nerven- und Rheumakranke Linderung und Heilung finden. Anziehungspunkte sind der Glockensee und der Salzgarten, in dem eine Reihe von Pflanzen zu finden sind, die auf salzhaltigem Boden wachsen.

Bad Münder (19.000 E), zwischen Süntel und Deister gelegen, ist ein Heilbad mit Sole-, Schwefel-, Eisen- und Bitterwasserquellen. Von wirtschaftlicher Wichtigkeit ist auch die Möbel- und Glasindustrie.

Bad Pyrmont (22.000 E) besitzt mehrere Heilquellen, die schon im Altertum genutzt wurden. Im 17. und 18. Jahrhundert war Bad Pyrmont Modebad der europäischen Fürsten. Heute besitzt es immer noch einen internationalen Ruf. Das Museum im Schloß bietet interessante Einblicke in die Geschichte der Stadt.

Bad Rothenfelde (6.000 E) ist ein vielbesuchtes Solebad. Sehenswert sind die beiden großen Gradierwerke, langgestreckte Gestrüppwälle, an denen die Sole verdunstet. Interessantes zu entdecken gibt es im Vogelpark und im Oldtimer-Museum.

Bad Zwischenahn (24.000 E) ist ein Moorheilbad im Ammerland am Zwischenahner Meer, dem drittgrößten Binnensee Niedersachsens. Im Ammerländer Freilichtmuseum findet man interessante historische Bauernhäuser.

Barsinghausen (32.000 E) ist für viele Hannoveraner ein beliebter Ausgangspunkt für Wanderungen durch den Deister. Die Deister-Freilichtbühne begeistert in der Sommerzeit Alt und Jung durch ihre Aufführungen.

Bassum (14.000) liegt südlich von Bremen. Wahrzeichen der Stadt ist die im 13. Jahrhundert erbaute Stiftskirche. Im Natur- und Tierpark Petermoor findet man Vogelvolieren und Tiergehege.

Bergen (12.000 E) ist eine Stadt im Landkreis Celle in der Nähe eines großen Truppenübungsplatzes. Im Ortsteil Belsen befindet sich an der Stelle des ehemaligen nationalsozialistischen Konzentrationslagers eine Gedenkstätte.

Bersenbrück (5.000 E) entwickelte sich um ein im 13. Jahrhundert gegründetes Zisterzienserinnenkloster. Heute ist hier das Kreismuseum untergebracht, in dem man das bäuerliche Leben vergangener Jahrhunderte kennenlernen kann.

Bodenwerder (6.000 E) ist die Stadt des "Lügenbarons" Münchhausen. Noch Vieles erinnert hier an den Erzähler großartiger Phantasiegeschichten. In seinem Geburtshaus, das heute der Stadt als Rathaus dient, kann man ein Münchhausen-Erinnerungszimmer besichtigen.

Bramsche (27.000 E) ist eine alte Tuchmacherstadt an der Hase. Noch heute werden hier Zelte, Segeltuch und Bekleidung hergestellt. Das Industriemuseum informiert über die Geschichte der Tuchherstellung. Sehenswert ist auch die 900 Jahre alte St. Martins Kirche und die Alte Post, die früher als Postkutschenstation diente. In der Nähe der Stadt findet man das um 1200 gegründete Kloster Malgarten.

Brake (17.000 E) ist Kreisstadt des Landkreises Wesermarsch. Im 19. Jahrhundert war die Stadt Hafen der ersten deutschen Flotte unter Admiral Brommy. Im Stationsgebäude eines ehemaligen "Optischen Telegrafen" ist ein Schiffahrtsmuseum eingerichtet.

Braunlage (7.000 E) ist ein Luftkur- und Wintersportort im Oberharz. Eine Seilbahn führt auf den Wurmberg, mit 971 Metern Höhe die höchste Erhebung Niedersachsens.

Braunschweig (260.000 E) ist die zweitgrößte Stadt Niedersachsens und Verwaltungssitz des Regierungsbezirks Braunschweig. Die Stadt wurde an einem Flußübergang gegründet: die Fernhandelsstraße vom Rhein zur Elbe überquerte hier die Oker. Im 12. Jahrhundert wurde sie von Heinrich dem Löwen, Herzog von Sachsen und Bayern, stark gefördert. Daran erinnert noch das Löwenstandbild vor der Burg Dankwarderode. Im 2. Weltkrieg wurde die Stadt stark zerstört, die wichtigsten Baudenkmäler konnten in der Nachkriegszeit aber wiederaufgebaut werden. Heute ist Braunschweig eine bedeutende Industriestadt und besitzt eine Technische Universität.

Bremervörde (17.000 E) liegt im Landkreis Rotenburg an der schiffbaren Oste. Dort, wo früher eine Wasserburg der Bremer Bischöfe stand, findet man heute das Kreismuseum mit Ausstellungen zur Heimatkultur.

Bruchhausen-Vilsen (5.000 E) ist ein Luftkurort südlich von Bremen mit der besonderen Attraktion einer Museumseisenbahn.

Bückeburg (20.000 E) war vom 17. bis Anfang des 20. Jahrhunderts Residenz der Fürsten von Schaumburg-Lippe. An diese Zeit erinnert das prächtige Barockschloß mit Schloßpark und Mausoleum. Wer sich für moderne Technik interessiert, wird im Hubschraubermuseum bestimmt Vieles zu entdecken haben.

Buxtehude (31.000 E) liegt an der schiffbaren Este, einem Nebenfluß der Elbe. Sie umfließt die Altstadt und war Teil der Befestigungsanlage, von der das Marschtor noch zu besichtigen ist. Bekannt ist die Stadt vor allem durch das Märchen vom Wettlauf zwischen Hase und Igel. Von hier aus kann man schöne Ausflugsfahrten ins Alte Land unternehmen.

Einbeck: Patrizierhaus in der Marktstraße

C

Celle (72.000 E) lag als Marktort an der Kreuzung wichtiger Handelsstraßen. Bis 1660 war die Stadt Residenz der Herzöge von Braunschweig und Lüneburg. An diese Zeit erinnert das Celler Schloß mit dem ältesten bespielbaren Theater Deutschlands. In der Altstadt findet man eine Vielzahl reichgeschmückter Fachwerkhäuser. Das Niedersächsische Landgestüt lockt mit der "Celler Hengstparade" alljährlich Zehntausende von Besuchern an.

Clausthal-Zellerfeld (16.000 E) war bis zum Ende des 19. Jahrhunderts Bergbaustadt für Silber, Blei und Kupfer. Im Bergwerksmuseum werden die alten Bergbaumethoden anschaulich dargestellt. Die Stadt auf der Hochfläche des Harzes ist bekannt durch ihre Technische Universität und durch die größte Holzkirche Europas.

Cloppenburg (20.000 E) ist die Kreisstadt des Landkreises Cloppenburg. Hier findet man das "Museumsdorf Cloppenburg" mit über 50 wiederaufgebauten historischen Gebäuden. Nordwestlich der Stadt liegt das Erholungsgebiet Thülsfelder Talsperre.

Cuxhaven (60.000 E) ist Kreisstadt des Landkreises Cuxhaven. Die Stadt liegt an der Spitze des Elbe-Weser-Dreiecks und ist damit die nördlichste Stadt Niedersachsens. Wahrzeichen und Wappenbild ist die Kugelbake, die an Cuxhavens Bedeutung als Übersee-Hafenstadt erinnert. Nach Bremerhaven besitzt Cuxhaven den zweitgrößten deutschen Seefischmarkt. Auch als Heilbad ist die Stadt bekannt. Das im 14. Jahrhundert erbaute Schloß Ritzebüttel beherbergt heute das Stadtmuseum.

D

Damme (13.000 E) ist Ausgangspunkt für Wanderungen in die Dammer Berge. Höchste Erhebung ist der Signalberg mit 146 Metern Höhe. Von der Dammer Jugendherberge aus sind der Aussichtsturm mit Blick auf die Dümmerniederung und der Bergsee die schönsten Ziele.

Delmenhorst (75.000 E) ist eine bedeutende Industriestadt zwischen Bremen und Oldenburg. Die Stadt wurde im 13. Jahrhundert von den Oldenburger Grafen gegründet und bildete zeitweilig eine selbständige Grafschaft. Im Industriemuseum erfährt man Interessantes über die Geschichte der Textilindustrie in Delmenhorst.

Diepholz (15.000 E) nördlich des Dümmers gelegen, ist die Kreisstadt des Landkreises Diepholz. Wahrzeichen der Stadt ist der mächtige Schloßturm der ehemaligen Residenz der Edelherren von Diepholz.

Dinklage (9.000 E) besitzt eine der bedeutendsten Wasserburgen des Oldenburger Landes. Sie ist Geburtsort des münsterschen Kardinals Clemens August Graf von Galen (1878 - 1946).

Dissen (8.000 E) besitzt eine Reihe von Lebensmittelbetrieben. Hier werden Wurst- und Fleischwaren hergestellt. Eine bekannte Margarinefabrik verkauft ihre Produkte weltweit. Schöne alte Bauernhäuser inmitten der Stadt erinnern daran, daß früher hier einmal Landwirtschaft betrieben wurde.

Dörpen (9.000 E) teilt sich mit der Nachbargemeinde Lathen die Versuchsstrecke der Magnetschwebebahn Transrapid. Für Besucher wird ein zweistündiges Informationsprogramm über dieses Verkehrsmittel der Zukunft geboten.

Dornum (5.500 E) ist ein alter ostfriesischer Häuptlingssitz mit zwei Burgen, der Norderburg, die als barockes Wasserschloß ausgebaut wurde, und der Beninga-Burg.

Duderstadt (23.000 E) ist der Hauptort des nördlichen Eichsfeldes. Erstmals erwähnt wurde er 929, fast 500 Jahre lang - bis 1802 - gehörte er zum Kurfürstentum Mainz. In der Altstadt findet man heute noch hunderte von malerischen Fachwerkhäusern. Duderstadts Rathaus ist eines der schönsten in ganz Deutschland.

Der **Dümmer**, Mittelpunkt des Naturparks Dümmer, ist mit 16 qkm Fläche Niedersachsens zweitgrößter Binnensee. Neben den Naturfreunden kommen hier auch Wassersportler auf ihre Kosten.

E

Einbeck (30.000 E) ist eine bekannte Bierstadt. Von hier stammt ursprünglich das Bockbier ("ainpöckisch" Bier). Wahrzeichen der Stadt ist das im 16. Jahrhundert erneuerte Rathaus. Besonders sehenswert ist das Chorgestühl der Stiftskirche St. Alexandri mit seinen vielfältigen Bildschnitzereien.

Emden (50.000 E), die größte Stadt Ostfrieslands, war Ende des 14. Jahrhunderts ein Unterschlupf der Seeräuber (Vitalienbrüder), die hier ihre geraubten Waren versteckten. 200 Jahre später war Emden der wichtigste Hafen Nordeuropas. Nach dem Bau des Dortmund-Ems-Kanals Ende des 19. Jahrhunderts entwickelte sich die Stadt zum größten deutschen Umschlagplatz für Kohle und Erz. Im Rathaus befindet sich das Ostfriesische Landesmuseum mit der berühmten Rüstkammer, in der viele mittelalterliche Waffen und Ritterrüstungen zu sehen sind.

Emsbüren (8.500 E) entwickelte sich vor 1100 Jahren um einen Amtshof herum, den Kaiser Karl der Große Luidger, dem ersten Bischof von Münster geschenkt haben soll. Heute ist es ein Fremdenverkehrsort mit vielen Freizeitmöglichkeiten und dem Freilichtmuseum "Heimathof".

Esens (6.000 E) ist der Hauptort des Harlinger Landes. Einige historische Bauten erinnern noch an die Zeit, als die Stadt Zweitresidenz der ostfriesischen Fürsten aus dem Hause Cirksena war.

Die Ems

F

Fallingbostel (10.000 E) ist Kreisstadt des Landkreises Soltau-Fallingbostel und ein Luft- und Kneippkurort. In der Nähe der Stadt liegt das angebliche Grab des Heidedichters Hermann Löns.

Fischerhude (1.100 E) liegt in einer Bruchniederung der Wümme am Rande des Teufelsmoores. Wie in Worpswede haben sich hier Künstler niedergelassen, um in natürlicher Landschaft zu arbeiten. Der bekannte Maler Otto Modersohn hat hier 35 Jahre gelebt. Sein Werk ist im Modersohn-Museum ausgestellt.

Friedland (7.000 E) ist bekannt wegen seines Durchgangslagers für Flüchtlinge und Aussiedler aus aller Welt.

Friesoythe (16.000 E) liegt, umgeben von Moorgebieten, im Norden des Landkreises Cloppenburg. Die alte Hansestadt wurde nach ihrer Zerstörung im 2. Weltkrieg modern wiederaufgebaut.

Fürstenau (8.000 E) war eine der sieben Landesburgen, die ehemals das Osnabrücker Land schützten. Später wurde sie zu einem Schloß ausgebaut und diente dem Fürstbischof als Sommersitz.

Fürstenberg (1.300 E), ein herrliches Renaissanceschloß an der Weser, beherbergt seit 1747 eine berühmte Porzellanmanufaktur, die der braunschweigische Herzog Carl I. durch seinen Oberjägermeister von Langen hier errichten ließ. Im Werksmuseum kann man wertvolles altes Porzellan besichtigen.

G

Geeste (9.200 E) enstand 1974 aus den Gemeinden Bramhar, Dalum, Geeste, Groß Hesepe, Osterbrock und Varloh. In Dalum ist das Zentrum der Gemeinde mit Rathaus und Schulzentrum angesiedelt. Nicht weit davon breiten sich die Erdölfelder aus. In Groß Hesepe liegt ein Torfwerk, das jährlich 2,5 Millionen Kubikmeter Torf fördert, der als Düngemittel und Filtermaterial verwendet wird. Sehenswert ist auch das Moormuseum und der Speichersee für das Kraftwerk Lingen.

Georgsmarienhütte (30.000 E) im Teutoburger Wald hat seinen Namen von der Hütte (Eisenherstellungswerk), die von König Georg V. von Hannover und seiner Frau Marie 1856 gegründet wurde. Noch heute wird hier Stahl gefertigt. Im Heimatmuseum Villa Stahmer können u.a. die Eisenbahnschienen besichtigt werden, deren Herstellung das Werk in der ganzen Welt bekannt machte.

Gifhorn (33.000 E) war im Mittelalter Rastort an einer wichtigen Straßenkreuzung. Bekannt geworden ist die Kreisstadt des gleichnamigen Landkreises u.a. durch das internationale Mühlenmuseum, in dem Wind- und Wassermühlen aus aller Welt besichtigt werden können. Das mächtige Schloß beherbergt heute ein sehenswertes Kreismuseum.

Goslar (52.000 E) ist durch den Silberbergbau im Rammelsberg reich geworden. Man sieht das heute noch an dem prächtigen und gut erhaltenen Stadtbild. Seit 1988 ist das Silberbergwerk stillgelegt, weil sich der Abbau nicht mehr lohnt. Die im 11. Jahrhundert erbaute Kaiserpfalz war im Mittelalter ein oft besuchter Versammlungs- und Aufenthaltsort der deutschen Kaiser und Könige. In der Kapelle der Pfalz liegt das Herz Kaiser Heinrichs III. begraben. Im Kurort Hahnenklee, der zur Stadt Goslar gehört, findet man eine ganz aus Holz erbaute Nordische Stabkirche.

Göttingen (130.000 E) war schon im Mittelalter eine reiche und wichtige Stadt. Zu einer der bedeutendsten Universitätsstädte Deutschlands wurde Göttingen, als Kurfürst Georg II. von Hannover 1734 die Universität Georgia Augusta gründete. Überall in der Stadt sind die Universitätsinstitute untergebracht, und überall begegnet man deutschen und ausländischen Studenten. Berühmte Professoren haben hier geforscht und gelehrt. Etliche von ihnen wurden für ihre Leistungen mit dem Nobelpreis ausgezeichnet.

H

Hameln (60.000 E) entwickelte sich im 8. Jahrhundert um ein Kloster an der Weser. Wegen seiner vielen Mühlen wurde der Ort später Quernhamele (Mühlenhameln) genannt. Getreidehandel und das Stapelrecht machten die Stadt reich. Bekannt wurde sie durch die Sage vom Rat-

Gifhorn. Schloßkapelle

tenfänger. In den Sommermonaten wird jeden Sonntag diese alte Sage auf der Terrasse des Hochzeitshauses in historischen Kostümen aufgeführt. In der Altstadt findet man noch eine Vielzahl historischer Fachwerkhäuser und Bauten im Stil der Weserrenaissance.

Hankensbüttel (4.000 E) im Landkreis Gifhorn ist Standort einer Fischotterstation, in der Besucher sich über Umweltschutzfragen informieren können. In der Nähe kann man das ehemalige Zisterzienserkloster Isenhagen besichtigen.

Hannover (500.000 E) wurde erstmals um 1150 als Marktsiedlung Honovere erwähnt. Seit 1636 residieren Herzöge, Könige oder Ministerpräsidenten in der Stadt. Zuerst zog Herzog Georg von Calenberg in das mittelalterliche Minoritenkloster, um von hier aus zu regieren. Später wurde es zum Leineschloß umgebaut. In der 2. Hälfte des 17. Jahrhunderts entstand die Prachtanlage des Herrenhäuser Gartens. Sie kann noch heute bewundert werden. Als Kurfürst Georg Ludwig von Hannover 1714 den englischen Thron bestieg, sank vorübergehend die politische Bedeutung der Stadt. Im 19. Jahrhundert erlebte Hannover als Hauptstadt des Königreichs Hannover einen neuen Aufschwung. Moderne Bauten prägten das Bild der Residenz, die sich sehr bald zur Großstadt entwickelte. Im Zweiten Weltkrieg wurde fast die gesamte Innenstadt durch Bombenangriffe zerstört. Seit 1946 ist Hannover die Hauptstadt Niedersachsens und Sitz der Landesregierung. 1947 wurde die Hannover-Messe begründet. Heute ist die Stadt eines der wichtigsten Industriezentren des Landes: Firmen wie VW, Continental, Pelikan und Bahlsen haben hier ihre Produktionsstätten. Bedeutend ist auch die Kali- und Zementindustrie.

Der **Großraum Hannover** ist ein Zusammenschluß von Städten und Gemeinden im dicht besiedelten Umkreis der Landeshauptstadt. Für die mehr als eine Million Einwohner dieses Gebietes wurden günstige Verkehrsverbindungen und gute Versorgungseinrichtungen geschaffen.

Haren (10.000 E) ist eine alte Schifferstadt an der Ems, in der noch heute 200 Schiffe beheimatet sind. Eine Emsfahrt bis zur Seeschleuse Papenburg oder nach Salzbergen ist stets ein echtes Vergnügen. Kinder zieht es zum Ferienzentrum Schloß Dankern, wo Shetlandponys und mehr als 50 Spielgeräte auf sie warten. Der nahegelegene Dankernsee hat eine Wasserski-Seilbahn und mehr als 1000 Meter Sandstrand.

Haselünne (10.000 E) war schon um das Jahr 1000 ein befestigter Handelsplatz. Die Stadtrechte erhielt er um 1230 durch den Grafen von Ravensberg. Heute ist die Stadt vor allem durch ihre Kornbrennereien bekannt. Im "Freilicht- und Heimatmuseum" können sechs wiederaufgebaute emsländische Fachwerkhäuser besichtigt werden.

Helmstedt (26.000 E) ist eine ehemalige Universitäts- und Hansestadt. Ihr Wahrzeichen ist das Juleum, das einstige Hörsaalgebäude der Universität, in dem heute das Kreisheimatmuseum untergebracht ist. In der Altstadt findet man noch eine Reihe schöner alter Häuser und Kirchen. Im Raum Helmstedt wird der Braunkohlenabbau im Tagebau betrieben.

Hemmoor (8.000 E) ist eine neue Stadt an der Oste zwischen Stade und Cuxhaven mit einer großen Zementfabrik und einem Hafen an der schiffbaren Oste. Sie wurde erst 1968 aus mehreren Gemeinden gebildet.

Hermannsburg (8.000 E) ist eine Gemeinde inmitten des Naturparks Südheide. Der Ort ist weltweit durch die Hermannsburger Mission bekannt, die hier seit 1849 ihren Sitz hat.

Hessisch Oldendorf (17.000 E) liegt im Landkreis Hameln-Pyrmont und ist eine Gründung der Grafen von Schaumburg. Der im 16. Jahrhundert erbaute Münchhausenhof wurde im Stil der Weserrenaissance errichtet und stellt heute eines der Schmuckstücke des Ortes dar. In der Nähe liegt das Stift Fischbeck, dessen Kirche zu den wichtigsten romanischen Bauten in Niedersachsen gehört.

Hildesheim (100.000 E) liegt an der Innerste, am Übergang des Leineberglandes zur norddeutschen Tiefebene. Die Stadt ist ein wichtiger Verkehrsknotenpunkt. Industriebetriebe für Rundfunk-, Fernseh- und Elektrogeräte sowie für Gummi, Tapeten und chemische Produkte sind hier angesiedelt. Interessanter für die Besucher sind die Kirchen der Stadt. So etwa der Dom, bis heute Sitz eines katholischen Bischofs, und die Michaeliskirche, eine der bedeutendsten romanischen Kirchen in Niedersachsen.

Die schöne Hildesheimer Altstadt wurde gegen Ende des Zweiten Weltkrieges fast völlig zerstört, aber viele bedeutende Bauten wurden renoviert oder wiederaufgebaut. Auch das ehemalige Zunfthaus der Fleischer, das Knochenhaueramtshaus, oft als "schönstes Fachwerkhaus der Welt" bezeichnet, wurde rekonstruiert. Das Roemer- und Pelizaeus-Museum gibt einen interessanten Einblick in die Zeit der Pyramiden und präsentiert alljährlich in Sonderausstellungen Zeugnisse fremder Kulturen.

Hitzacker (5.000 E) ist ein Luftkurort im Naturpark Elbufer Drawehn. Die kleine Stadt ist bekannt geworden durch die hier alljährlich stattfindenden "Sommerlichen Musiktage".

Holzminden (22.000 E) kann in seiner Altstadt noch mit etlichen schönen Fachwerkhäusern aufwarten. Die Stadt beherbergt heute führende Werke der Duft- und Aromastoffindustrie, die Grundstoffe für Parfüme und Gewürze in alle Welt liefern. Auf dem Museumsschiff "Stör" kann man das "Erste Deutsche Tourismus-Museum" besuchen.

Hoya (10.000 E) ist Sitz einer Samtgemeinde an der Weser. Jedes Jahr wird hier eine große Ruderregatta veranstaltet. In Bücken, südlich von Hoya, findet man eine bedeutende zweitürmige Stiftskirche mit einer Vielzahl mittelalterlicher Kunstwerke.

Hude (12.000 E) ist ein wichtiger Verkehrsknotenpunkt zwischen Oldenburg und Bremen. Eine mächtige Backstein-Ruine erinnert an das früher bedeutende Zisterzienserkloster.

Hann. Münden, von der Fulda aus gesehen

Helmstedt. Universität

Der **Hümmling** ist eine Geestlandschaft im Norden des Emslandes. In der Eiszeit wurde hier bis zu 60 Meter hoher Sandboden abgelagert. Deshalb ragt der Hümmlinger Geestrücken deutlich aus der moorigen Umgebung heraus, eine eigentümliche Landschaft mit Heide und Kiefernwald. Ehemals galt der Hümmling als ein sehr armes Gebiet, in dem der Buchweizenpfannkuchen (Bookweitenjanhinnerk) die kärgliche Hauptspeise war. Heute ist er ein abwechslungsreiches Wandergebiet.

J

Jever (12.000 E) ist die Hauptstadt des Jeverlandes, das im Mittelalter einmal selbständig war. Heute ist die Kreisstadt des Landkreises Friesland eine der schönsten Städte im Oldenburger Land und als Bierstadt bekannt. Sehenswert ist das Schloß mit seinem Audienzsaal, in dem während der Sommermonate Konzerte stattfinden.

K

Krummhörn heißt das Land zwischen dem Dollart und der Leybucht. 1972 wurde aus 19 Dörfern die Gemeinde Krummhörn geschaffen, deren Verwaltungssitz Pewsum ist. Viele der Ortschaften sind uralte Wurtendörfer mit trutzigen Kirchen und festen Burgen aus der ostfriesischen Häuptlingszeit. Jeder dieser Orte besitzt seine Besonderheiten und Sehenswürdigkeiten.

L

Langenhagen (50.000 E) ist ein vielfältiger Industrieort, in dem Elektroartikel, Tapeten, Zigaretten und Schallplatten hergestellt werden. Bekannt ist die Stadt durch den Flughafen Hannover-Langenhagen.

Leer (32.000 E) konnte sich lange Zeit wegen der Nähe Emdens nicht richtig entfalten. 1808 aber wurde die Stadt vom Stapelzwang in Emden befreit. Die in Leer beheimateten Schiffe, die aus fernen Ländern zurückkehrten, brauchten ihre Waren nicht mehr in Emden auszuladen und dort zu verbilligten Preisen anzubieten. Als auch noch ein Eisenbahnanschluß geschaffen wurde, blühte die Stadt auf. Es entwickelten sich der Fischfang, die Maschinen- und Werkzeugindustrie und der Großhandel mit Kaffee, Tee und Tabak. Alljährlich im Oktober findet der Gallimarkt statt, eine Mischung aus Viehmarkt und Kirmes.

Lathen (5.500 E) ist ein Ort, in dem die Zukunft schon begonnen hat. Hier wird der schnellste Zug der Welt gebaut und erprobt: die Magnetschwebebahn Transrapid. Besuchern wird ein interessantes Informationsprogramm über diese Technik der Zukunft geboten.

Lengede war ein Eisenerz-Bergbauort. Bei einem Unglück im Jahr 1963 wurde erst nach vielen Tagen eine Gruppe von tot geglaubten Bergleuten gerettet.
Man sprach damals vom "Wunder von Lengede".

Doppelter Kreuzgang im Kloster Walkenried

Lingen (50.000 E) hat eine wechselvolle Geschichte. Der Kern der Stadt war ehemals eine Festung, die 1633 geschleift wurde. In der Altstadt findet man noch etliche Zeugnisse aus Lingens über 1000jähriger Geschichte. Heute beherbergt die Stadt moderne Technologie-Unternehmen im Industrie-Park Süd und eine Erdölraffinerie im Stadtteil Holthausen.

Lüchow (9.000 E) ist Kreissitz des dünnbesiedelten Landkreises Lüchow-Dannenberg. Nach einem Brand im Jahr 1811 wurde die Stadt mit einem planmäßigen Straßennetz neu angelegt. Von hier aus kann man die Rundlingsdörfer des Wendlandes besuchen.

Lüneburg (62.000 E) ist Verwaltungssitz des gleichnamigen Regierungsbezirks. Seit dem 13. Jahrhundert brachten die Salzsieder Wohlstand in die Stadt. Die Alte Salzstraße - heute Fremdenverkehrsroute - verbindet die ehemalige Hansestadt mit Lübeck. Der wenige Kilometer nördlich gelegene Konkurrenzort Bardowick - bekannt durch seinen Dom - wurde schon im 12. Jahrhundert weitgehend zerstört und dadurch bedeutungslos. Lüneburg blieb im Zweiten Weltkrieg verschont. Daher findet man in der Stadt noch viele historische Bauten im Stil der Backsteingotik.

M

Melle (40.000) ist der Mittelpunkt des Grönegaus im östlichen Osnabrücker Land. Der frühere Kreis Melle wurde 1972 in eine einzige Stadt umgewandelt. Sie besteht aus 56 ehemals selbständigen Gemeinden. In Melle werden in über 1000 Betrieben verschiedenartigste Produkte hergestellt, sogar Glockenspiele und Zündhölzer. Das Solebad Melle wird insbesondere von der Bevölkerung der Stadt und ihrer Umgebung genutzt.

Mellum ist eine unbewohnte Naturschutzinsel im Wattenmeer. Auf einer etwa 40 Hektar großen Düne betreut ein Vogelwart Tausende von Vögeln, die z.T. vom Aussterben bedroht sind. Auf der Insel befindet sich ein 18 Meter hohes Seezeichen und ein Nachtquartier für Schiffbrüchige.

Meppen (30.000 E) ist die Kreisstadt des Emslandes, des flächengrößten Landkreises der Bundesrepublik Deutschland. Hier münden die Hase und die Radde in die Ems. Der Name Meppen bedeutet "An den Mündungen". Seit 600 Jahren hat Meppen die Stadtrechte. Sehenswert ist das Rathaus und der Festungswall mit Graben, der die Altstadt umschließt. In der Nähe liegende Naturschutzgebiete sind das "Borkener Paradies" und die "Vogelfreistätte Dorgener Moor".

Der **Mittellandkanal** verbindet West- und Ostdeutschland. Der Bau dieser künstlichen Binnenwasserstraße wurde 1891 begonnen und in den dreißiger Jahren unseres Jahrhunderts beendet. Der Kanal beginnt bei Hörstel in der Nähe von Rheine am Dortmund-Ems-Kanal, verläuft quer durch Norddeutschland und endet bei Magdeburg an der Elbe. Zusammen mit anderen Kanälen stellt er die Verbindung von Rhein und Oder her. So konnten große Industriegebiete erschlossen werden: Braunschweig-Salzgitter - Peine, Wolfsburg, Hannover und Osnabrück. Einige Großstädte, die nicht direkt am Mittellandkanal liegen, sind durch Zweigkanäle mit ihm verbunden. So etwa Osnabrück, Hildesheim und Salzgitter.

Münden (26.000 E) ist die schönste Fachwerkstatt des gesamten Weserberglandes, herrlich gelegen am Zusammenfluß von Werra und Fulda zur Weser. Hier starb der berühmte Doktor Eisenbart. Ein Spiel mit Szenen aus dem Leben dieses bekannten Wundarztes wird in den Sommermonaten vor der prächtigen Kulisse des Rathauses aufgeführt.

Munster (18.000 E) ist durch Kasernen geprägt. In der Nähe der Stadt befindet sich ein großer Truppenübungsplatz.

N

Neustadt am Rübenberge (40.000 E) wurde 25 Kilometer nordwestlich von Hannover am Leineübergang der Straße Hannover–Bremen gegründet. Die Herzöge von Calenberg bauten die Stadt zur Festung aus. Heute besitzt Neustadt Bedeutung als Industriestandort für Arzneimittel, Kali, Autozubehör und Torfverarbeitung. Über die Moore der Umgebung informiert das Torfmuseum im Schloß Landestrost.

Nienburg (32.000 E) ist Kreisstadt des gleichnamigen Landkreises an der Mittelweser. In der historischen Altstadt erinnert noch Vieles an Nienburgs fast 1000jährige Vergangenheit. Heute gibt es in der Stadt eine Glashütte; auch Metallwaren und Düngemittel werden erzeugt. In einem alten Burgmannshof findet man das stadtgeschichtliche Museum.

Schwebefähre über die Oste

Norden (25.000 E) war im Mittelalter eine bedeutende Hafenstadt an der Leybucht, die damals noch weit ins Land hineinreichte. Durch Eindeichungen und Neulandgewinnung wurde Norden von der See abgeschnitten. Sehenswert ist die Ludgerikirche mit der berühmten Arp-Schnitger-Orgel, ebenso der sieben Hektar große Marktplatz, die Deichmühle und die Seehundaufzuchtstation. Die Stadt ist bekannt durch ihre Kornbrennereien und den Teehandel.
Das fünf Kilometer entfernte Norddeich ist ein Seebad mit Fährstation für Norderney, Juist und Baltrum. Weithin bekannt ist die Seefunkanlage "Norddeich Radio", mit deren Hilfe Seeleute auf allen Weltmeeren erreicht werden können.

Nordenham (30.000 E), eine Hafenstadt an der Unterweser, ist wirtschaftlicher und industrieller Mittelpunkt der Wesermarsch. Von besonderer Bedeutung sind Schiffsbau und chemische Industrie. Im Ortsteil Blexen gibt es eine Fährverbindung nach Bremerhaven.

Nordhorn (50.000 E), drei Kilometer vor der holländischen Grenze gelegen, ist Kreisstadt des Landkreises Grafschaft Bentheim. Die Stadt entstand im 14. Jahrhundert unter dem Schutz einer Burg der Bentheimer Grafen.

Northeim (32.000 E) ist Kreisstadt des gleichnamigen Landkreises. Die Stadt besitzt eine noch gut erhaltene Stadtmauer und viele alte Fachwerkhäuser. Interessant ist der gedrehte Turm der St.-Sixtus-Kirche.

O

Obernkirchen (11.000 E) liegt malerisch am Westhang der Bückeberge in der Nähe von Bückeburg. Viele historische Bauten in Niedersachsen sind aus Obernkirchener Sandstein errichtet worden, der in einem großen Steinbruch in der Nähe der Stadt gewonnen wird.

Oldenburg (140.000 E) geht auf eine um 1100 im Huntetal zum Schutz der Friesischen Heerstraße angelegte Burg zurück. 1345 erhielt Oldenburg das Stadtrecht. Zahlreiche Bauten in der Altstadt erinnern noch an die Zeit, als die Stadt Residenz der Oldenburger Grafen, Herzöge und Großherzöge war. So etwa das Schloß, in dem heute das Landesmuseum für Kunst- und Kulturgeschichte mit seiner interessanten Gemäldesammlung untergebracht ist. Außerdem kann man noch etliche der historischen Schloßräume besichtigen. Wahrzeichen Oldenburgs ist der "Lappan", ein alter Kirchturm. Auch die St.-Lamberti-Kirche, eine der wenigen Rundkirchen Deutschlands, lohnt einen Besuch. Schöne alte Häuser aus dem 17. - 19. Jahrhundert bestimmen das Bild der Altstadt. Heute ist Oldenburg Verwaltungssitz des Regierungsbezirks Weser-Ems. Zahlreiche Behörden sind hier angesiedelt. Die Stadt besitzt eine Universität und ein Staatstheater. Neben dem (nach Hannover) zweitgrößten Binnenhafen Niedersachsens beherbergt sie auch die (nach Koblenz) zweitgrößte Garnison der Bundesrepublik.

Papenburg, Van - Velen - Anlage

Osnabrück (160.000 E) geht auf eine Gründung Karls des Großen um 800 zurück. Im Zweiten Weltkrieg wurde Osnabrück stark zerstört, aber viele wertvolle Bauten konnten wiederaufgebaut werden. So findet man in der sehenswerten Altstadt wieder Zeugnisse aus der wechselvollen Geschichte der Stadt wie das Rathaus, in dem über die Beendigung des Dreißigjährigen Krieges verhandelt wurde und den mächtigen Dom. Noch heute ist Osnabrück Sitz eines Bistums, das bis weit in den Norden und Osten Deutschlands reicht. Seit 1972 besitzt die Stadt auch eine Universität. Der Zoo und die zahlreichen interessanten Museen sind stets lohnenswerte Ziele für einen Besuch.

Osterholz-Scharmbeck (25.000 E) ist Kreisstadt des Landkreises Osterholz am Rand des Teufelsmoors nördlich von Bremen. Vom Wasserturm aus hat man einen herrlichen Blick über das Moor und sieht einige der zwölf Windmühlen, die an der "Mühlenstraße des Landkreises Osterholz" liegen.

Die **Ostfriesischen Inseln** sind alle gutbesuchte Nordseeheilbäder. Für ihre Besucher halten sie eine Fülle von Freizeitangeboten bereit.

Borkum	-	die größte Insel
Juist	-	die längste und schmalste Insel
Norderney	-	die prominenteste Insel
Baltrum	-	die kleinste Insel
Langeoog	-	die Insel mit der höchsten Erhebung
Spiekeroog	-	die grünste Insel
Wangerooge	-	die Insel mit der lebhaftesten Geschichte

Otterndorf (6.000 E) liegt in der Nähe der Elbmündung und ist Mittelpunkt des Landes Hadeln. Die gepflegte Altstadt mit den schönen Fachwerkhäusern lädt zu einem Bummel ein.

P

Papenburg (27.000 E) war im Mittelalter eine Wasserburg des Bischofs von Münster. Im 17. Jahrhundert ließ Dietrich van Velen, der Drost des Emslandes, dort die erste Moorkolonie Deutschlands anlegen. Im Freilicht-Museum "Van-Velen-Anlage" können Geräte und Bauwerke aus der Zeit der Moorkultivierung besichtigt werden. In den Kanälen der Stadt liegen Nachbauten alter Papenburger Schiffe vor Anker. Im Heimatmuseum findet man u.a. eine Moor- und Schiffsabteilung.

Peine (47.000 E) ist Kreisstadt des gleichnamigen Landkreises zwischen Braunschweig und Hannover. Eisenerzvorkommen machten die Stadt zum Mittelpunkt der Metallindustrie. Mittlerweile konnten auch eine Reihe anderer Industriezweige angesiedelt werden.

Q

Quakenbrück (10.000 E) ist der Mittelpunkt der Samtgemeinde Artland. Wer in dieser nördlichsten Stadt des Osnabrücker Landes die Stadtgeschichte erkunden will, folgt dem Poggenpfad. Die aufgemalten Froschfüße auf dem Pflaster führen zu allen Sehenswürdigkeiten. Wer wissen will, wie die Menschen früher hier lebten, sollte das Stadtmuseum mit seinen interessanten Sammlungen besuchen. Viele Fahrräder stammen aus einer großen Fahrradfabrik in Quakenbrück.

R

Rastede (17.000 E) ist ein Luftkurort im Ammerland nördlich von Oldenburg. In einem Park findet man das Schloß, die frühere Sommerresidenz der Oldenburger Großherzöge. In der Ulrichskirche befindet sich die einzige Krypta des Oldenburger Landes.

Rehburg-Loccum (10.000 E) wurde 1974 aus vier Gemeinden gebildet. Hauptsehenswürdigkeit ist das ehemalige Zisterzienserkloster Loccum. Im Stadtteil Münchehagen wurden im Jahr 1980 Spuren von Sauriern entdeckt, die viele Millionen Jahre alt sind.

Rinteln (25.000 E) ist eine an der Weser gelegene Gründung der Lippischen Grafen aus dem 13. Jahrhundert. Die frühere Universitätsstadt besitzt ein malerisches Stadtbild mit vielen Fachwerkhäusern und Bauten im Stil der Weserrenaissance. Am Stadtrand befindet sich rund um den Doctorsee ein großes Erholungsgebiet.

Rothenburg/Wümme (20.000 E) ist Kreisstadt des gleichnamigen Landkreises östlich von Bremen und Einkaufszentrum für ein weites Umland. Das hier angesiedelte "Institut für Heimatforschung" ist ein bedeutendes Zentrum für die Heimatkunde in Niedersachsen.

S

Salzgitter (150.000 E) wurde 1942 aus 27 Gemeinden gebildet. Hier sollte die größte Eisenhütte Europas entstehen. Heute ist die Stadt Sitz eines Stahlwerkes. Auch Motoren, Rundfunk- und Fernsehgeräte, Papier sowie Arznei- und Nahrungsmittel werden hier hergestellt. Der Salzgittersee mit Eissporthalle ist Anziehungspunkt für Wassersportler. Im Stadtteil Salzgitter-Bad gibt es ein Thermal- und Solebad.

Sankt Andreasberg (5.000 E) ist eine der sieben Harzer Bergstädte und ein beliebter Kurort. Das stillgelegte Silberbergwerk "Grube Samson" wurde in ein interessantes Bergwerksmuseum verwandelt.

Das **Saterland** liegt an der Saterems im Norden des Landkreises Cloppenburg. Seine im Mittelalter entstandenen Siedlungen lagen auf einem schmalen Sandstreifen im Moor und waren noch im 19. Jahrhundert nur mit Schiffen zu erreichen. Hier hat sich die alte saterfriesische Sprache erhalten. Damit sie nicht ausstirbt, wird sie in einigen Schulen wieder unterrichtet. Saterland heißt in dieser Sprache "Seelterlound". Die Dörfer des Saterlandes bilden eine Großgemeinde mit ca. 9000 Einwohnern.

Schnackenburg (850 E) ist mit 850 Einwohnern die kleinste Stadt Niedersachsens. Sie gehört heute zur Samtgemeinde Gartow.

Schneverdingen (15.000 E) liegt im Landkreis Soltau-Fallingbostel. Hier findet im August ein großes Heideblütenfest mit der Wahl einer Heidekönigin statt.

Schöningen (15.000 E) im Osten Niedersachsens ist Ausgangspunkt für Wanderungen in den waldreichen Elm.

Schöppenstedt (6.000 E) liegt am Südhang des Elm. Die Stadt besitzt ein sehenswertes Eulenspiegelmuseum. Der Schalk soll aus dieser Gegend stammen und hier viele seiner Streiche ausgeführt haben.

Schüttorf (15.000 E) war im Mittelalter das Zentrum der Grafschaft Bentheim. Heute arbeiten die Bewohner meist in der Textilindustrie. Bekannt sind nicht nur die Schüttorfer Schinken, sondern auch die Open-Air-Music-Festivals, die alljährlich zigtausende von Besuchern anlocken.

Seesen (22.000 E) liegt am westlichen Harzrand in der Nähe der Innerste-Talsperre. Die Stadt ist ein Verkehrsknotenpunkt und Industriestadt für Blechverarbeitung und Konserven. Im ehemaligen herzoglichen Jagdschloß ist heute das Heimatmuseum untergebracht. Jeweils am ersten Wochenende im September läßt das "Sehusafest" die 1000jährige Tradition der Stadt wieder lebendig werden. Östlich von Seesen findet man den Harzer Wild- und Vogelpark.

Sögel (4.700 E) ist wegen Schloß Clemenswerth, ein ehemaliges Jagdschloß des Kurfürsten von Köln, bekannt, das heute als Emslandmuseum und Veranstaltungsort für Konzerte genutzt wird.

Soltau (19.000 E) liegt inmitten der Lüneburger Heide. Hier wird in einem Betrieb noch nach alter Tradition Zinn gegossen. Besonderer Anziehungspunkt für den Fremdenverkehr ist der Heidepark Soltau.

Springe (32.000 E) ist ein hübsches Städtchen im Tal der Haller, die den Großen und Kleinen Deister trennt. Eines der schönsten Fachwerkhäuser ist die ehemalige Posthalterei am Markt. Im südlich der Stadt gelegenen Saupark, einem früheren Jagdrevier der Könige von Hannover, findet man eine Vielzahl von seltenen Tierarten, u.a. das fast ausgestorbene Wisent. Das Jagdschloß aus dem vorigen Jahrhundert beherbergt eine sehenswerte Jagdschau.

Stade (45.000 E) liegt auf einem Geestsporn an der Schwinge, kurz vor der Mündung in die Elbe. Die ehemalige Hansestadt ist über 1100 Jahre alt. Die frühere Bedeutung Stades läßt sich noch an dem gepflegten historischen Stadtbild ablesen. Der Schwedenspeicher, der an die Zeit der schwedischen Verwaltung erinnert, wurde zu einem bedeutenden Museum ausgebaut. Die seeschifftiefe Elbe führte zur Anlage von Großkraftwerken und einer Aluminiumhütte, die Arbeitsplätze und Steuereinnahmen, aber auch eine starke Umweltbelastung mit sich bringen.

Stadthagen (23.000 E), die Kreisstadt des Landkreises Schaumburg, liegt am Nordrand der Bückeberge. Um 1220

Kloster Wienhausen

ließen die Schaumburger Grafen einen Teil des geschlossenen Waldgebietes roden, bauten eine Burg und gründeten Stadthagen. Im 16. Jahrhundert wurde die Burg zu einem Schloß im Stil der Weserrenaissance umgebaut. Um den Marktplatz mit dem ebenfalls im Weserrenaissance-Stil erbauten Rathaus stehen sehr schöne Fachwerkhäuser. In einem der schönsten ist heute das Heimatmuseum untergebracht.

Das **Steinhuder Meer** ist mit 32 qkm der größte Binnensee Niedersachsens. Wahrscheinlich wurde er gegen Ende der letzten Eiszeit vom Wind auf sandigem Gelände als Mulde ausgeblasen, die sich nach Schmelzen des Eises und Anstieg des Grundwasserpegels mit Wasser füllte. Bei Steinhude und Mardorf liegen Erholungs- und Wassersportgebiete. Andere Teile des Sees und des Seeufers sind zum Naturschutzgebiet erklärt worden, um seltene Tiere und Pflanzen zu schützen. Ab Steinhude fahren Boote zur Inselfestung Wilhelmstein, die Graf Wilhelm zu Schaumburg-Lippe vor 200 Jahren zur Ausbildung seiner Soldaten anlegen ließ. Die Festung mit den Waffen der damaligen Zeit ist heute als Museum eingerichtet.

Sulingen (11.000 E) liegt zwischen Diepholz und Nienburg und ist Einkaufszentrum eines weiten, dünn besiedelten Gebietes. Metall- und Schuhindustrie sind hier zu Hause.

Syke (18.000 E) liegt 20 Kilometer südlich von Bremen. Im Kreismuseum, das in einem alten Bauernhaus am Stadtrand untergebracht ist, kann man sich mit der Geschichte des Gebietes beschäftigen. Heute gibt es in Syke Textil- und Metallindustrie.

T

Das **Teufelsmoor** entwickelte sich, als ein während der Eiszeiten nördlich des Bremer Beckens entstandenes, etwa 25 Kilometer breites und 50 Kilometer in die Stader Geest hineinreichendes Schmelzwassertal im Laufe der Jahrtausende mit Moor zuwuchs. Vor 250 Jahren begann die Kultivierung des vorher undurchdringlichen Gebietes. Heute sind nur noch Moorreste rund um die Künstlerkolonie Worpswede vorhanden.

Die **Thülsfelder Talsperre** wurde 1927 in der Cloppenburger Geest durch Stauung der Soeste angelegt, um Überschwemmungen zu verhindern und den Grundwasserstand zu regulieren. Heute ist sie Mittelpunkt eines Erholungsgebietes mit Badestränden in abwechslungsreicher Moor-, Heide- und Waldlandschaft.

U

Uelzen (36.000 E) ist Kreisstadt des gleichnamigen Landkreises und Verkehrsknotenpunkt im Nordosten Niedersachsens. Hier gibt es die größte Zuckerfabrik der Bundesrepublik.

Uslar (16.000 E) liegt im Süden des Solling. Die Gießereien, Ofen- und Schmiedewerke der Stadt lassen erkennen, daß hier schon fast 300 Jahre lang Eisenherstellung und -verarbeitung betrieben wird. Das Holz des waldreichen Solling wird zu Möbeln verarbeitet.
Sehenswert sind die alten Fachwerkhäuser der Stadt.

Niedersachsen für Kinder und Kenner / Orte in Niedersachsen von A – Z

Im Erdölmuseum in Wietze

V

Varel (24.000 E) war im 19. Jahrhundert eine bedeutende Handelsstadt des Großherzogtums Oldenburg. Heute werden hier Maschinen, Motoren, Möbel und Porzellanwaren hergestellt. Der kleine Seehafen am Jadebusen dient der Küstenschiffahrt. Sehenswert ist die Schloßkirche, deren Unterbau aus großen Findlingen besteht. In einer Holländer-Windmühle ist die heimatkundliche Sammlung untergebracht.

Vechta (23.000 E) ist Kreisstadt des gleichnamigen Landkreises im Oldenburger Land und Mittelpunkt des größten deutschen Geflügelzuchtgebietes. Die Universitätsstadt ist als Verwaltungszentrum für die katholische Kirche des Oldenburger Landes Amtssitz eines Weihbischofs. Im August jeden Jahres wird hier eines der größten Volksfeste Norddeutschlands gefeiert, der Vechtaer Stoppelmarkt.

Verden (24.000 E) liegt kurz vor der Mündung der Aller in die Weser. Die Stadt wird bereits im Jahr 810 erwähnt. Schon einige Jahre vorher sollen hier aufständische Sachsen auf Befehl Karls des Großen hingerichtet worden sein. Der mächtige Dom und andere historische Bauten erinnern daran, daß Verden früher einmal Bischofsstadt war. Heute ist sie weithin als Reiterstadt bekannt.

Visselhövede (10.000 E) ist ein Fremdenverkehrsort am Westrand der Lüneburger Heide. Neben der Johanniskirche mit ihrem freistehenden Glockenturm entspringt das Flüßchen Vissel.

W

Wallenhorst (20.000 E) war ehemals ein Horst, eine Siedlung, die von Wällen umgeben war. Im Hone, einem Waldstück im Ortsteil Lechtingen, erinnert ein Kreuz daran, daß hier Karl der Große die erste Heilige Messe in dieser Gegend gefeiert haben soll. Ein paar Schritte entfernt liegen die Karlssteine, ein bekanntes Großsteingrab. Sehenswert sind auch die Wittekindsburg an der Nette, eine alte sächsische Schutzanlage, und die im 12. Jahrhundert erbaute Alexanderkirche, die älteste Kirche des Osnabrücker Landes.

Walsrode (22.000 E) ist eine Heidestadt in landschaftlich schöner Umgebung. Der in der Nähe gelegene Vogelpark ist einer der größten in Europa.

Weener (14.000 E) ist die Hauptstadt des Rheiderlandes. Durch die günstige Lage an der Ems und der Straße nach Münster und Groningen konnte sich hier schon im Mittelalter ein Handelszentrum für Pferde und Zuchtrinder entwickeln.
Weener ist eine typisch ostfriesische Kleinstadt mit Emshafen und Windmühlen. Besuchenswert sind das Grenzlandmuseum Rheiderland und die Baumschulen mit dem vielleicht reichhaltigsten Baum- und Pflanzensortiment Europas.

Westerstede (17.000 E) ist die Kreisstadt des Ammerlandes und ein Baumschulzentrum mit großen Rhododendron-Kulturen.

Wiesmoor (10.000 E) lag ehemals mitten im Moor. Um dieses in landwirtschaftlichen Nutzboden umwandeln zu können, mußte erst der Torf abgebaut werden. Deshalb errichtete man 1908 ein Kraftwerk, das täglich 400 Tonnen Torf als Brennstoff verbrauchte und dabei eine Großgärtnerei beheizte, in der Gemüse gezogen wurde. So wurden jährlich 60 Hektar Hochmoor abgetorft.
Seit 1966 ist das Kraftwerk auf Erdgas umgestellt, in der modernisierten Gärtnerei werden jetzt Grün- und Zierpflanzen für den europäischen Markt erzeugt. Am ersten Wochenende im September findet ein Blütenfest mit der Wahl einer Blumenkönigin statt.

Wietze (5.000 E) liegt im Landkreis Celle inmitten eines Erdölgebietes, in dem aber heute nur noch wenig gefördert wird. Die alten Förderanlagen sind in einem Erdölmuseum zu besichtigen.

Wildeshausen (14.000 E), die älteste Stadt des Oldenburger Landes, liegt im Herzen des Erholungsgebietes Wildeshauser Geest an der Hunte.
Seit 1988 ist Wildeshausen Kreisstadt des Landkreises Oldenburg. In der Nähe gibt es mehrere ur- und frühgeschichtliche Denkmale: Das Pestruper Gräberfeld mit 500 Hügelgräbern aus der Bronzezeit und ein wiederaufgebautes Großsteingrab aus der Jungsteinzeit.

Die Herzog August Bibliothek in Wolfenbüttel

Wilhelmshaven (100.000 E) ist eine sehr junge Stadt. Sie wurde im Auftrag des preußischen Königs Wilhelm I. Mitte des 19. Jahrhunderts als Kriegshafen gebaut. Nach dem Zweiten Weltkrieg mußte auf Befehl der Siegermächte die Marinewerft abgerissen werden. Um die freigewordenen Arbeiter wieder zu beschäftigen, wurden verschiedene Industriebetriebe angesiedelt: Kammgarnspinnerei, Maschinen- und Apparatebau und ein Schreibmaschinenwerk. Sehenswert ist der Ölhafen, in dem vier Riesentanker gleichzeitig gelöscht werden können.
Auch ein Besuch des Südstrandes mit dem Seewasseraquarium ist lohnenswert.

Die **Wingst** ist eine 61 Meter hohe Erhebung im Flachland zwischen Cuxhaven und Stade. Ihre Kuppe, von der man eine gute Aussicht hat, wird auch "Deutscher Olymp" genannt.

Wittmund (19.000 E), die Kreisstadt des gleichnamigen Landkreises, war im Mittelalter ein Hafenort an der durch Sturmfluten entstandenen Harlebucht. Auch nach den Eindeichungen blieb die kleine Stadt durch ein 15 Kilometer langes Tief mit der See verbunden. Sehenswert ist das Heimatmuseum in der Mühle und die Miniaturstadt im acht Kilometer entfernten Altfunixsiel.

Wolfenbüttel (50.000 E), die Kreisstadt des gleichnamigen Landkreises, liegt zehn Kilometer südlich von Braunschweig. Vieles erinnert noch an die Zeit, als die Stadt Residenz der Herzöge von Braunschweig und Lüneburg war. 1838 fuhr die erste Eisenbahn in Niedersachsen von Braunschweig nach Wolfenbüttel. Sehenswert sind die über 500 Fachwerkhäuser, das Schloß und die Herzog August Bibliothek, eine der bedeutendsten Bibliotheken der Welt. Hier kann man wertvolle alte Handschriften bewundern, u.a. das berühmte Evangeliar Heinrichs des Löwen.

Wolfsburg (130.000 E) wurde erst 1938 gegründet. Bekannt ist die Stadt als Sitz des VW-Werks, eines Industriekonzerns mit insgesamt 160.000 Beschäftigten.

Z

Zeven (10.000 E), die Stadt im Landkreis Rotenburg, war im Mittelalter einer der reichsten Wallfahrtsorte des Landes, da in dem Kloster die Gebeine des heiligen Vitus verehrt wurden.

Das **Zwischenahner Meer** ist der drittgrößte See in Niedersachsen.

Hannover: Das Niedersachsen-Roß vor dem Welfenschloß, dem heutigen Hauptgebäude der Universität

Bildquellen

S. 12:	Kramer
S. 15 oben:	Wintershall AG
unten:	NWO
S. 16 oben:	Dahl
unten:	Unkel
S. 15:	© Stuttgarter Luftbild Elsässer GmbH
S. 19 oben:	Tecklenburg
S. 20 links:	Zentrale Informationsstelle Torf und Umwelt
rechts:	Tecklenburg
S. 21 unten:	Dahl
S. 22 oben:	Franke
oben rechts u. unten:	Emslandmuseum Schloß Clemenswerth
S. 26:	Wintershall AG
S. 29:	Stadtmuseum Oldenburg
S. 44 links:	Landkreis Cuxhaven
S. 56:	Markmann
S. 57 oben:	Taylor
S. 59 oben:	Elbe-Jeetzel-Zeitung;
unten:	Physikalisch-Technische Bundesanstalt Braunschweig
S. 63:	Preussag AG
S. 64:	Zeinert
S. 66 u. 67:	Volkswagen AG
S. 68:	Physikalisch-Technische Bundesanstalt Braunschweig
S. 74 oben:	Harenberg Kommunikation
unten:	Brüder Grimm Museum Kassel
S. 75 unten:	Deutsches Museum München
S. 78 u. 79:	Lager Friedland
S. 81 unten:	Hörseljau
S. 86:	Schaddach
S. 87 oben:	Hannoversche Allgemeine Zeitung
S. 88 unten:	edition pamela
S. 89:	Verkehrsverein Goslar
S. 91:	© Luftbilddienst Niedersachsen
S. 94 u. 95:	Hannover Messe AG
S. 97 oben:	Wehmeyer
S. 106:	Deutscher Kunstverlag Berlin
S. 115 oben:	Hartmann
S. 116:	Fotohaus Bodemann
S. 117 Mitte:	Korbel
S. 131:	Grubenbecher
S. 133:	Herzog August Bibliothek Wolfenbüttel

Alle anderen Fotos von Frau Maria Otte, Melle.
Die Zeichnungen fertigte Herr Eckart Straube.

Bildquellenangabe nach bestem Wissen und Angabe der Verfasser. Für die Richitgkeit aller Angaben ist eine Haftung seitens des Verlages ausgeschlossen.